A

HEPBURN

AUDREY HEPBURN

Icono del cine y defensora de la infancia

Marta Parreño

RBA

Diseño cubierta: Elsa Suárez Girard.
Diseño interior: Tactilestudio.

Avda. Diagonal, 189 - 08018 Barcelona.
rbalibros.com

Primera edición: octubre de 2019.

REF.: ONFI274
ISBN: 978-84-9187-321-1
DEPÓSITO LEGAL: B.20.021-2019

Realización: Editec.

Impreso en España · *Printed in Spain*

CONTENIDO

PRÓLOGO

Se dijo de ella que era una estrella que no veía su propia luz, que Dios la besó en la mejilla, que era una ninfa, un ser de otro mundo. Y no solo sobre un escenario o delante de una cámara, sino también cuando decidió dedicar todos sus esfuerzos a ayudar a niños desnutridos y enfermos de los más de veinte países del Tercer Mundo que visitó. A ellos les entregó los cinco últimos años de su vida, a un ritmo frenético de viajes, conferencias, entrevistas y apariciones públicas como nunca había hecho antes por ninguna de sus películas. Les donó tiempo y dinero, pero sobre todo amor, gestos de cariño, cercanía, palabras de afecto, compañía, comprensión. Aquel era el papel más importante de toda su vida, reconoció. «Hice pruebas para este trabajo durante cuarenta y cinco años, y finalmente lo conseguí», bromeó tras recibir la carta que confirmaba su aceptación como embajadora de buena voluntad de Unicef.

Audrey Hepburn nació en Bélgica en 1929 en el seno de un matrimonio formado por un inglés y una aristócrata holandesa, pero antes de que cumpliera los seis años de edad la pareja ya se había disuelto. El abandono de su padre marcó profundamente a la futura actriz, que acabó viviendo en Holanda junto con su madre. La Segunda Guerra Mundial la encontró en la ciudad de Arnhem, con solo diez años de edad, y la arrojó al abismo del hambre, la incertidumbre y la desesperanza. Su corazón atesoró dos grandes sueños desde muy pequeña: tener hijos y ser bailarina. No pudo dedicarse profesionalmente a la danza debido a las secuelas que la guerra dejó en su cuerpo, pero encontró la forma de reconducir su vocación hacia el teatro y casi accidentalmente el cine llegó a su vida. A lo largo de los años, expresó toda su esencia a través de la princesa Anne, de Sabrina, de Gigi, de la hermana Lucas y de Eliza Doolittle, entre otros tantos personajes inolvidables. Audrey era todas ellas. Todas eran Audrey. Su transparencia transmitía tanta veracidad que en 1954, con tan solo veinticuatro años, levantó el Óscar a la mejor actriz con su primera película, sin ni siquiera haber recibido clases de interpretación. A partir de ese momento, su ascenso fue meteórico, algo que ella siempre calificó de sorprendente. Rodó con los más grandes directores y actores del momento y todavía hoy es una de las pocas personas que han obtenido los cuatro premios más importantes de la industria del entretenimiento en Estados Unidos: el Óscar, el Tony, el Grammy y el Emmy.

Pero Audrey Hepburn también fue (y lo sigue siendo) un icono de moda y estilo. De sus orígenes aristocráticos y su estricta formación en ballet conservó siempre una gran capacidad de trabajo, disciplina y un alto sentido de la responsabilidad. Eso, sumado a su elegancia innata y a un encanto natural que no pasaba desapercibido para nadie, la convirtió en un referente ineludible y revolucionario, opuesto al modelo de mujer que triunfaba en el cine de aquellos años, cuya máxima representante era Marilyn Monroe. No había sido un camino fácil: no faltó el productor que le sugirió que se aumentara el pecho o que escondiera sus huesudas clavículas, pues estaba demasiado delgada. Pero Audrey siempre se mantuvo fiel a su esencia. Con su pelo corto, sus zapatos planos y su ligereza aniñada, inventó un nuevo canon de belleza a su medida. En pocos años, todas querían ser como ella. Elegante, clara, sencilla. Tuvo un gran aliado, alguien que supo apreciar su encanto desde el primer momento: el diseñador Hubert de Givenchy la vistió en prácticamente todas sus películas y fue uno de los grandes amigos que conservó a lo largo de su vida. La admiración que se profesaban era mutua.

Vacaciones en Roma la lanzó a la fama, y tal vez su interpretación más recordada sea la de la atribulada Holly en *Desayuno con diamantes*, pero el papel que la marcó fue sin duda el de *Historia de una monja.* Rodar en el Congo y conocer las rutinas y la austeridad de las religiosas marcó un antes y un después en su vida. El viaje interior que supuso encarnar a la hermana Lucas la conectó con partes de sí misma que la cambiaron para siempre y que la condujeron de manera natural, tiempo más tarde, a dedicar su últimos años a ayudar a los más vulnerables.

Sin embargo, siempre conservó su sueño de ser madre y formar una familia, vivir en el campo, cuidar el jardín y pasear a los perros. Nada más. Esa era su idea del cielo, tal como ella misma la definió. Y aunque sufrió cinco abortos a lo largo de su vida, tuvo dos hijos a los que se entregó por completo. Dejó de rodar para cuidarlos y se mantuvo alejada del mundo del cine durante ocho años para estar con ellos y que nunca echaran en falta a su madre. Su actitud no fue comprendida por el *star system* y recibió críticas de algunos que no querían perderla en la gran pantalla. Su vida fue un continuo ir y venir de luces y sombras a las cuales se enfrentó con determinación, valentía y mucha serenidad, aunque en ella siempre había una inseguridad latente con la que batallaba a diario.

La búsqueda del amor fue su otro anhelo constante. A pesar de que intentó mantener su vida personal lejos de las cámaras, no siempre logró evitar que sus romances salieran a la luz. Tras dos matrimonios fallidos, con el actor Mel Ferrer y el psiquiatra Andrea Dotti, con los que tuvo a sus dos hijos, Audrey encontró el verdadero amor al lado del también actor Robert Wolders, ya en la recta final de su vida. Pero hubo otros amores importantes, romances con compañeros de profesión como el actor William Holden, a quien conoció durante el rodaje de *Sabrina*, y el escritor Robert Anderson, guionista de *Historia de una monja*.

Audrey Hepburn fue mucho más que una revolucionaria estrella de cine. Fue una niña valiente en la Holanda ocupada por los nazis y una adolescente delgaducha que halló su gran sueño en el ballet para convertirse, luego, en una joven de energía imparable que se buscó la vida en Londres entre pequeños trabajos y audiciones. Fue también una bailarina que se atrevió a aceptar los papeles que le ofrecieron como actriz sin tener la formación y la experiencia suficientes. Fue una mujer apasionada, una madre generosa y una amiga fiel. Con su prematura desaparición en 1993 «todos los niños perdieron a una gran amiga», dijo el director general de Unicef. Pero quizá sea mejor quedarnos con las palabras felices de Elizabeth Taylor: «Dios seguro que estará contento de tener a un ángel como ella cerca».

1

PIRUETAS EN LA OSCURIDAD

No creo que haya nada en el mundo
con tanta determinación como un niño
que persigue un sueño, y yo tenía más ganas
de bailar que miedo a los alemanes.

AUDREY HEPBURN

En la imagen de la página anterior, una adolescente Audrey Ruston-Hepburn en 1942, en la que tal vez fuera su primera sesión de fotos. Durante la Segunda Guerra Mundial, Audrey participó en varias actuaciones clandestinas para ayudar a la resistencia holandesa.

En la penumbra del salón, unas veinte personas asistían al espectáculo de danza que ella misma había ideado. Estaba prohibido encender la luz por la noche. El piano sonaba demasiado bajo, pero las notas que emitía eran un bálsamo en medio de tanta brutalidad, y los anfitriones ya se habían asegurado de que las cortinas, opacas, estuvieran corridas, y las ventanas, completamente cerradas. La hora del toque de queda había pasado. Por enésima vez, Audrey se disponía a bailar para un público al que siempre recordaría como el mejor que tuvo jamás. Llevaba las zapatillas que su madre le había cosido con retales de fieltro, y aunque no sujetaban sus pies como unas de verdad, se había prometido que esta vez no bailaría descalza.

La función tenía lugar en Arnhem, una pequeña ciudad holandesa a orillas del Rin, a principios de 1942. Audrey solo tenía doce años, pero entonces incluso una niña que osaba desafiar a las tropas de ocupación nazis sabía que tenían pocas opciones de sobrevivir si los atrapaban. El ejército de Adolf Hitler había invadido Holanda apenas dos años antes, y ahora gran parte de Europa estaba en guerra, bajo el yugo del Reich.

Sus pies empezaron a moverse sobre el suelo frío con la misma determinación y entusiasmo que siempre mostraban en sus clases de baile, pero con la contención y el implacable control que imponía el miedo. Era un miedo denso, omnipresente, que se colaba por todas partes y se filtraba en las miradas de algunos de los espectadores que estaban arriesgando sus vidas solo con asistir a las «funciones negras», estos espectáculos que realizaban siempre en secreto, casi a oscuras y en silencio. Eran invisibles para todos los que no participaban en ellos, e inolvidables para los que formaban parte. Audrey danzó de nuevo aquella tarde acompañada por otras dos bailarinas, para las que su madre, la baronesa Ella van Heemstra, también había elaborado el vestuario. Aquello la salvaba de todo. Bailar era volar.

Cuando los seis pequeños pies se detuvieron y las notas del piano cesaron, alguien entre el público a punto estuvo de aplaudir, pero sus manos se detuvieron a tiempo. Los asistentes no podían ejercer su libertad ni siquiera para expresar su gratitud y entusiasmo, pues corrían el riesgo de que el silencio que reinaba tras terminar la función pudiera ser interrumpido por las armas de aquellos de quienes se escondían. Varias personas se levantaron y dieron a Audrey y a sus compañeras pequeñas cantidades de dinero, en algunos casos acompañadas de trozos de papel bien doblados, mensajes para familiares o amigos de la oposición clandestina que llegarían hasta ellos escondidos en los zapatos de las bailarinas o de otras niñas que quisieran hacer de «correo».

Audrey Kathleen Ruston nació el 4 de mayo de 1929 en el número 48 de la rue Keyenveld, en el distrito de Ixelles de Bruselas, aunque siempre tuvo nacionalidad británica en virtud de la de su padre. Audrey era fruto del segundo matrimonio de su madre, Ella, quien solo tenía veinticuatro años y dos hijos, Ian y Alexander van Ufford, cuando su primer marido se marchó. Distinguida y resuelta, Ella disponía de parte de las propiedades familiares y de título nobiliario, además de un séquito de sirvientes que la acompañaban a todas horas. Siempre estaba pendiente de todo, al contrario que su padre, Joseph Ruston, al que apenas veía cuando aparecía por casa entre un viaje y el siguiente. Audrey adoraba el poco tiempo que pasaba con él. Era encantador, una mezcla fascinante de caballero e ilusionista. Tenía muchas aptitudes: hablaba más de diez idiomas, era un diestro jinete y también pilotaba aeroplanos, pero ninguna de ellas tenía relación con su trabajo: muchos creían que era banquero o que andaba en el mundo de las finanzas, pero lo cierto es que nunca conservó ningún empleo. Sin embargo, por más admiración que la pequeña Audrey profesara a su padre, este no solía prestarle demasiada atención. Acaso por ese motivo ella atesoró durante toda su vida la tarde en la que fueron a volar en aeroplano. ¡Su padre sabía volar! Y allí estaba ella, a su lado, atravesando las nubes.

Su madre sí pasaba tiempo con ella y sus hermanos, y aunque no era una madre muy cariñosa —siempre estaba pendiente de ser responsable y correcta—, se preocupaba mucho de que no les faltara nada. Cuando salían a pasear, Audrey lo observaba todo. Siempre le decían que era una niña muy despierta y risueña, pero su madre enseguida se encargaba de recordarle que no debía hacer caso de los halagos, que se comportara y que no llamara la atención.

Audrey creció entre juegos y clases de lengua, música y dibujo. Era la pequeña de la casa, pero enseguida se convirtió en la intrépida compañera de sus dos hermanos mayores, con los que se divertía sin descanso. Su recto flequillo corto y la melenita típica de la época para las niñas de su edad resaltaban aún más su mirada traviesa. Era menuda y delgada, pero dueña de una energía imparable. Y tal como hacían sus hermanos mayores u otros niños, ella trepaba a los árboles cuando su madre no podía verla, pues alguna vez la había regañado al enterarse. Entre aquellas largas horas de juego y estudio, resonaban de fondo las discusiones de sus padres. En aquellos momentos, una sombra de tristeza se posaba sobre la casa, y sus hermanos hacían verdaderos esfuerzos por distraerla. Para atajar su inexplicable culpa infantil, le decían que siempre había sido así, incluso desde antes de que ella naciera. Pero aunque intentaba no prestar demasiada atención, su innata curiosidad la empujaba a escuchar.

En la voz entrecortada de su madre alcanzaba a oír que le reprochaba a su padre que no hacía nada y, después, la palabra «dinero» repetida con furia unas cuantas veces. Su madre también se quejaba de que no les hacía mucho caso a Audrey, a Ian y tampoco a Alexander. Y aunque Audrey era pequeña, en su corazón sabía que aquello era cierto. Su padre casi nunca estaba en casa. Cuando no viajaba a Inglaterra por asuntos de negocios, asistía a reuniones políticas, y si aparecía después de varios días de ausencia, ella se lanzaba a sus brazos en busca de una atención pero raramente se veía recompensada.

En enero de 1932 la familia abandonó Bruselas y se mudó al campo. Se instalaron en la mansión Castel Sainte

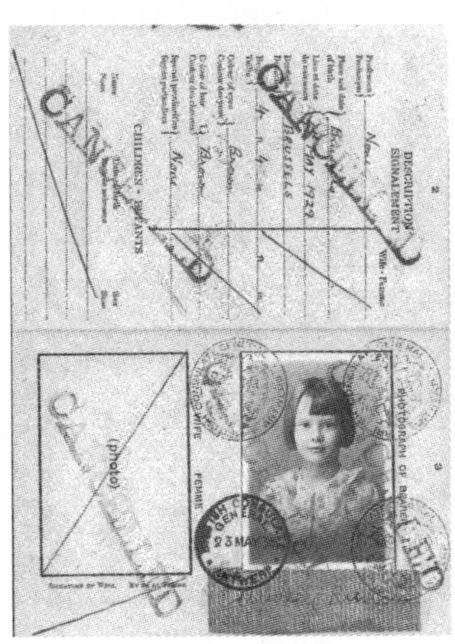

Arriba, Audrey con su madre, la inflexible baronesa Ella van Heemstra, en 1938. Abajo a la izquierda, con su padre, Joseph Ruston, en Bélgica en 1934, dos años antes de que las abandonara. A la derecha, el primer pasaporte británico de Audrey, expedido en Amberes en 1936.

Cecile, en el pueblo cercano de Linkebeek. Durante su infancia, tanto Audrey como sus dos hermanos tuvieron varias residencias. Además de la casa en Bruselas y la mansión en Linkebeek, pasaban largas temporadas con sus abuelos en las ciudades de Arnhem o en Velp. El ambiente en el hogar era tenso, y la baronesa, aunque atenta a la educación de sus hijos, era una mujer contenida, seria, recta, cuya frialdad transformaba su amor en poco más que un afecto sincero. Los abuelos de Audrey, en cambio, estaban hechos de otra pasta. La pequeña los adoraba. También visitaban con frecuencia a sus numerosos primos, a sus tías y a su tío Otto, un respetado juez entregado a la causa de la paz y único hermano varón de su madre. Las animadas reuniones familiares llenaban a Audrey de alegría. Cuanto más numerosas, mejor.

Hacia 1935 nada había cambiado en casa. Las conversaciones de sus padres seguían girando sobre todo en torno al dinero, aunque a veces también los escuchaba discutir de política. La Bélgica de aquellos años era una sociedad conservadora. En Bruselas, el electorado era esencialmente de derechas y desde 1934 los fascistas ya eran un grupo más que influyente. La ideología de Joseph, para sorpresa de Ella, se escoraba cada vez más hacia la extrema derecha. Pero la pequeña Audrey era ajena a estos vaivenes. Para ella, su mundo se había quedado repentinamente vacío desde que sus inseparables compañeros de juegos, Ian y Alexander, habían sido enviados a un internado. La idea de sus padres era que ella, que tenía cinco años, pronto siguiera el mismo camino. Alejarse de casa la aterrorizaba, pero por entonces se consideraba que la experiencia era necesaria para que los pequeños maduraran.

Cuando su padre estaba en casa tampoco participaba de la vida en familia, constantemente con la cabeza en otra parte. Parecía que no quisiera estar ahí: tenía siempre la misma cara que ella ponía cuando la llevaban al médico. Audrey guardaba pocos recuerdos infantiles de su padre, pero hubo uno que la marcó: el del día que no regresó de uno de sus viajes. Fue a finales de mayo de 1935. Más tarde supo que se fue a Londres, donde residía su familia y donde tenía alguna posibilidad de trabajo o negocio. Y lo hizo sin despedirse ni dar explicaciones. Simplemente desapareció.

Audrey acababa de cumplir seis años y se había quedado sin padre. Es cierto que hasta entonces él nunca había sido una presencia muy estable en su vida, pero eso era todo lo que conocía. Al menos lo tenía en casa de vez en cuando y podía aspirar a captar su atención y cariño. Ahora solo le quedaba su ausencia permanente.

> Fue el suceso más traumático de mi vida. Recuerdo la reacción de mi madre, su rostro cubierto de lágrimas... Yo estaba aterrorizada. ¿Qué iba a ser de mí? Era como si el suelo hubiera desaparecido bajo mis pies.

Esta fue posiblemente la primera vez que Audrey vio llorar a su madre. Y Ella van Heemstra lloró durante varios días. La pequeña Audrey intentaba entender qué había pasado. ¿Es que había hecho ella algo que hubiera molestado a su padre? ¿Volvería a verlo algún día? Solo tenía seis años y no comprendía absolutamente nada. Pasaba las noches despierta, imaginando que regresaba o soñando que nunca se había marchado.

Tras el abandono de Joseph, Audrey solo obtuvo cierto consuelo cuando su abuela materna acudió desde Holanda a verlas y las llevó con ella a su casa de Arnhem, donde su abuelo había sido alcalde entre 1920 y 1921. Audrey quería mucho a sus abuelos, especialmente a él, pues a pesar de la rectitud victoriana de ambos, era la única figura masculina de la familia —con la excepción de su tío Otto— que le había proporcionado parte del afecto paternal que tanto anhelaba.

Su madre se quedó al frente de la familia, sola con tres hijos. Por segunda vez, su matrimonio se había roto. Sin embargo, su educación y su elevado sentido de la responsabilidad no le permitían flaquear, de modo que, a pesar de la tristeza y la rabia que se habían apoderado de la atmósfera doméstica, siguió con sus planes de enviar a su hija a un internado en Inglaterra.

El pequeño pueblo de Elham, en el condado de Kent, fue el destino elegido y el primer hogar de Audrey en Inglaterra. Llegó allí a mediados de 1935. Adaptarse a un país nuevo era una dura tarea para una niña introvertida e insegura como Audrey. Su inglés, además, aún era imperfecto y echaba terriblemente de menos a su madre. Para facilitar su adaptación, Ella le buscó una familia del pueblo con la que pasó las primeras semanas. Pasado el verano ingresó en Miss Ridgen's School, una pequeña escuela femenina del mismo pueblo, dirigida por seis hermanas solteras, cuyo apellido daba nombre al centro. A pesar de que Audrey era feliz cuando jugaba con los niños y encontró profesores con los que congenió rápidamente, nunca se acostumbró a las clases. Se sentía siempre inquieta, incapaz de pasarse tantas horas sentada. Miraba por la ventana mientras oía de lejos la voz de los maestros, anhelando que llegara la hora del recreo. Necesitaba respirar, se asfixiaba dentro del aula. Le gustaban la historia, la mitología y la astronomía, pero odiaba profundamente las matemáticas. ¿Para que servían? Le parecían insufribles, tremendamente complicadas. Lo cierto es que se aburría mucho en el internado, aunque la experiencia allí también supuso una buena lección de independencia. Audrey supo poner en práctica una de las cualidades que había heredado de su madre para afrontar la soledad: su capacidad de adaptación. La escuela se le quedaba pequeña, cierto, y en ocasiones su pupitre le parecía una cárcel diminuta en la que estaba condenada a aburrirse día tras día. Pero en lugar de hundirse en la tristeza, Audrey andaba por los pasillos del internado con la cabeza bien alta y buscando cómo canalizar la energía de su frágil cuerpo infantil. La suerte le proporcionó un soplo de aire fresco con un arte que había de acompañarla toda la vida: la danza. Esa actividad que le permitía expresarse mediante su cuerpo surgió sin buscarla como una vía de escape, y fue una liberación en medio de la rigidez escolar. A partir de entonces, cuando se lo preguntaban, Audrey afirmaba sin titubeos cuál era su más ansiado sueño: convertirse en una bailarina profesional.

Buena parte del descubrimiento de esta pasión se lo debía a su profesora Norah Ridgen, maestra del centro y discípula de la gran bailarina y coreógrafa Isadora Duncan, que fue quien le enseñó sus primeros pasos sobre las tablas. Ella y un profesor que venía cada semana desde Londres para impartir la clase de ballet lograron despertar en Audrey la capacidad de exteriorizar sus emociones por medio de su cuerpo. Miedo, alegría, frustración, esperanza, soledad... Con sus zapatillas de ballet, ya fuera con un punteo de pasitos veloces o trazando graciosos saltos en el aire, Audrey podía recorrer de un lado a otro ese enorme arco de sentimientos que aún no podía verbalizar.

Aunque su padre se había marchado en 1935, el divorcio formal no llegó hasta tres años después, cuando Audrey ya tenía nueve años. La baronesa obtuvo la custodia de su hija, y Audrey era feliz junto a ella aunque a veces le resultara demasiado estricta. Sin embargo, seguía añorando a su padre, y Ella lo sabía. Por ello, cuando Joseph reclamó el derecho a visitar a su hija, la baronesa no se lo impidió. Este de nuevo mostró su carácter volátil e inconstante y, pese a que en aquellos años residía en Inglaterra, apenas fue a ver a su hija cuatro veces durante los años que Audrey estuvo en el internado.

El 4 de mayo de 1939, el día en el que Audrey cumplió diez años, su madre acudió de visita a la escuela para asistir a una de sus primeras funciones de danza. Audrey tenía un nudo en el estómago desde que se había levantado por la mañana. Sabía que podía hacerlo bien, había practicado mucho, pero no podía evitar que le sudaran las manos y le temblara todo el cuerpo. Había llegado el momento de enfundarse sus zapatillas de ballet y subir al escenario. Y cuando lo hizo, todas esas caras que la estaban observando desaparecieron. Ejecutó los movimientos con tanta precisión que, durante todo ese tiempo, no se dio cuenta de que se había olvidado del público. Cuando se encendieron las luces, fue como si se despertara del mejor sueño que jamás había tenido. Estaba radiante. Pudo ver a su profesor y a sus compañeras aplaudiendo con entusiasmo, pero Audrey necesitaba encontrar la mirada de su madre entre el público. Allí estaba. Y casi al borde de las lágrimas descubrió que, aunque lo hacía con el mismo recato y decoro con el que lo hacía todo, su madre también estaba de pie, como los demás, ovacionando a su pequeña.

A partir de entonces, el universo comprimido de Miss Ridgen's School le resultó más cálido. De muros hacia fuera, sin embargo, el panorama era totalmente opuesto. Un ambiente hostil se iba apoderando de Europa. Ajena a la política, Audrey había disfrutado de las vacaciones de verano en Folkestone junto a su madre y una familia de amigos que las había acogido. Por desgracia, las noticias fueron contaminando poco a poco aquellas semanas de felicidad estival. Su madre y sus anfitriones comentaban con gesto serio lo que estaba ocurriendo en fronteras no tan lejanas. A principios de septiembre, cuando ya había empezado el curso y su madre se encontraba de nuevo en el continente, un ejército alemán de casi dos millones de soldados invadió Polonia. A partir de aquí, todo se precipitó. Inglaterra, junto con Francia, Nueva Zelanda y Australia, declaró la guerra a Alemania. Gran Bretaña estaba en guerra. El horror las había alcanzado.

Las comunicaciones y los transportes no tardaron en complicarse. Muy pocos aviones comerciales recibieron permiso para salir del país. La baronesa se puso en contacto con Joseph en Londres y acordaron que él recogería allí a Audrey mientras ella partía hacia Holanda desde Bélgica. Audrey llevaba mucho tiempo sin ver a su padre. Y aunque la guerra fuera el motivo del improvisado encuentro, volvió a formarse en su estómago el nudo que se le hacía cuando iba a pasar algo importante o que la emocionaba mucho. No tenía ganas de llorar, pero sentía que tenía los ojos brillantes, le temblaban los labios, ¡deseaba contarle tantas cosas…!

El aeropuerto de Gatwick estaba cerrado, así que Joseph condujo a toda prisa hasta un aeródromo en Sussex. El reencuentro que Audrey tanto había idealizado resultó precipitado. Su padre estaba nervioso y confuso, apenas hablaba y, cuando lo hacía, no se atrevía a mirarla a los ojos. Además, solo llevaba una maleta. ¿Y la suya? ¿Acaso él no iba a acompañarla?

Minutos después Audrey ocupaba su asiento en uno de los últimos aviones que salieron de la isla, un aeroplano pintado de naranja, el color nacional de Holanda, país al que se dirigía y donde supuestamente estaría a salvo. A bordo del aeroplano que la reuniría con su madre y sus hermanos, Audrey observó la figura gris de Joseph Ruston desde la ventana del avión, que empequeñecía. Ese padre ausente, al que tanto había añorado, menguaba a cada segundo hasta convertirse en un puntito casi imperceptible y, finalmente, desaparecer por completo. ¿Cuánto tardaría en volver a verlo?, se preguntaba la pequeña. Esa fue la última vez que sus ojos infantiles se posaron en su padre.

Audrey había estado cuatro años en el internado. Se sentía feliz de volver con su familia, pero le costaba adaptarse a la vida fuera del círculo familiar. Y para su propia sorpresa, echaba un poco de menos la escuela en Inglaterra. De nuevo, Audrey estaba descolocada por el idioma, y las constantes mudanzas durante los primeros meses no la ayudaron en ese regreso a casa. Demasiados cambios en muy poco tiempo. Aunque siempre en Arnhem, primero se instalaron con sus abuelos en el castillo Zijpendaal, luego solos en un apartamento, y al final en una casita adosada. Era lógico que Audrey no estuviera del todo segura de dónde estaba su hogar.

Con todo, empezó sus clases en el instituto local. Le costaba mucho hablar holandés, casi lo había olvidado, y eso reavivó en ella algunas inseguridades. A veces, llegaba a casa llorando, pero sabía que había que sobreponerse y adaptarse al entorno y recuperó a toda prisa el idioma. Había aprendido a hacerlo desde siempre. Era algo que iba con ella. La pequeña Audrey empezaba a sospechar que la vida era una larga sucesión de transformaciones a las que debía adaptarse con una sonrisa. En eso era como su madre, perfectamente mutable según las circunstancias, siempre firme, siempre eficiente y dispuesta. La baronesa inscribió a Audrey en clases de ballet en el conservatorio de Arnhem y las semanas se sucedieron en una calma inquietante. Era una época tranquila. Sus días pasaban entre las horas en el instituto y las clases de ballet. Una vez más la danza la salvaba de lo cotidiano, de aquellas clases en el nuevo instituto. Alimentaba su imaginación y le permitía expresarse sin necesidad de recurrir a las palabras.

Con la llegada de las fiestas, Audrey esperó impaciente la visita de sus familiares, como su tío Otto y una prima con la que de pequeña había entablado amistad. No muy lejos, «esa broma de guerra», como la llamaban en Holanda, seguía planeando por Europa, pero la mayoría de los holandeses no la consideraba preocupante. Aunque Checoslovaquia y Polonia ya estaban en manos del ejército de Hitler, eran muy pocos los que miraban hacia fuera con inquietud. Holanda era un país neutral, no había por qué preocuparse. En pocos meses volvería la primavera y todo quedaría atrás.

Entretanto, Audrey asistía a conciertos y espectáculos de danza y teatro con su madre, que se involucró muy activamente en la cultura de Arnhem y le contagió esa pasión. A Audrey le encantaba aquel mundo, los escenarios, las historias imaginadas, los vestuarios deslumbrantes. Y cuando asistía solía imaginarse a sí misma ahí arriba, con su tutú y sus bailarinas, realizando los pasos más complejos con una exactitud exquisita, manteniendo un equilibrio imposible, provocando la admiración de todos los que habían ido a verla. Audrey alimentaba así su único sueño: ser la primera bailarina de una gran compañía.

El 9 de mayo de 1940 celebró su decimoprimer cumpleaños y su madre le hizo un regalo que la actriz recordó con gran emoción durante toda su vida. La famosa compañía de danza inglesa Sadler's Wells Ballet estaba de gira e hizo parada en Arnhem en esa fecha. ¡La protagonista era la joven Margot Fonteyn, la primera bailarina del Royal Ballet! Audrey no recordaba haber estado tan emocionada en toda su vida. Iba a ver a su ídolo en persona, así que se preparó para una noche muy especial. Tanto, que lució un vestido largo de tafetán que su madre encargó expresamente para la ocasión. Fue su primer vestido largo, con cuello redondo y un lacito, y un botón pequeño en la parte delantera. Era el atuendo de una princesa, tan largo que llegaba hasta el suelo. Y crujía maravillosamente con cada paso que daba.

Cuando acabó la función, Audrey, con sus once años recién cumplidos, pudo pasearse por el escenario confiada, feliz, imaginando un futuro de estrella, radiante con sus hermosas bailarinas y ese vestido largo que nunca olvidaría. El suelo del escenario brillaba. Era la primera vez en su vida que se iría a dormir más tarde de lo debido.

A las tres de la madrugada, aquella misma noche, sin previo aviso, el ejército alemán cruzó la frontera e invadió los Países Bajos, Bélgica y Luxemburgo. Por la mañana, los pasos firmes de los soldados que lucían la esvástica resonaron por primera vez por las calles de Arnhem.

La primavera terminó de golpe. La pequeña y tranquila ciudad holandesa de Arnhem, ese esperanzado refugio de la familia de Audrey, se convirtió en la antesala del infierno. Holanda había captado la atención de las tropas del Tercer Reich mientras Audrey disfrutaba de una vida tranquila, tal y como lo hacía el pueblo holandés, que, en su gran mayoría, no había querido ver ni oír lo que se precipitaba de forma inminente. Tras una larga tradición de paz, los soldados holandeses no estaban listos para afrontar una guerra. No estaban preparados para la defensa, pero menos aún para el ataque. Tras sufrir un intenso bombardeo en Rotterdam, el Gobierno y la familia real salieron del país en un vuelo con destino a Londres, desde donde coordinaron sin éxito la defensa del ejército nacional. Aquella misma semana los alemanes atacaron La Haya con bombas incendiarias y, tras perder sus aviones y buena parte de su maquinaria bélica a manos del enemigo, Holanda se rindió.

Las tropas del ejército de Hitler no tardaron en instalarse en Arnhem. Los soldados recorrían las calles armados y uniformados y, aunque al principio no se mostraban hostiles, se apoderaban de todo aquello que consideraban necesario para alimentar su maquinaria de guerra. Audrey evitaba a toda costa pasar por los lugares en los que solían estar, e incluso a veces se escondía. Y empezaba a sentir que quizá tendría que pasar algún tiempo hasta volver a disfrutar con su madre de la música y el teatro como lo habían hecho hasta la fecha. ¿Qué iba a pasar a partir de entonces? ¿Se quedarían durante mucho tiempo aquellos soldados en las calles de Arnhem?

Por entonces, Audrey, sus hermanos y su madre se habían reinstalado con su tío Otto y su tía Miesje en el castillo de Zijpendaal, en el campo, donde las fuerzas de ocupación les permitieron permanecer. A lo largo de los meses siguientes, la familia fue viendo cómo desaparecían todas las joyas y los objetos de valor para comprar comida. ¿Cuánto más podía durar aquello? ¿De qué iban a vivir?

A pesar de todo, Audrey continuó con sus estudios y sus clases de ballet en el conservatorio de Arnhem, que había renunciado a cobrar sus tarifas y aceptaba lo que las familias pudieran pagar. Una vez más, el soplo de aire le venía de mano de la danza. Su madre la matriculó, además, en clases de holandés y, a partir de entonces, tuvo terminantemente prohibido hablar el idioma en el que se había educado en Kent. El sentimiento antibritánico de los alemanes era creciente y Audrey no debía olvidar que tenía nacionalidad y apellido inglés: era un peligro en potencia. El hecho de tener que adaptarse de nuevo al idioma que llevaba años sin usar originó en la niña una singular forma de hablar, una marca que habría de quedarle de por vida:

> No hay idioma que me permita relajarme cuando estoy cansada, porque mi oído nunca se ha acostumbrado a una sola entonación. Eso se debe a que no tengo una lengua materna y es la razón de que los críticos me acusen de tener un curioso modo de hablar.

Una mañana, Audrey encontró unos papeles sobre la mesa. Era la matrícula para la escuela. Pero estaban a nombre de Edda van Heemstra. ¿Es que iba su madre a matricularse en el instituto? Pues si era así, alguien muy descuidado había escrito mal su nombre, porque su madre se llamaba Ella, no Edda. Vaya. En cuanto vio a la baronesa, Audrey la interrogó sobre el hallazgo:

—¿Vas a matricularte en el instituto, mamá?

A la baronesa le hizo gracia la ocurrencia de su hija.

—Yo no, estos son los papeles de tu matrícula. A partir de ahora, fuera de casa eres Edda van Heemstra. Olvídate de Audrey Ruston. Tu nombre delata tu nacionalidad y los británicos ahora mismo son los principales enemigos de los alemanes. Así que a partir de ahora eres holandesa y te llamas Edda. ¿De acuerdo?

Audrey no podía articular palabra, pero era imposible decirle que no cuando se ponía así.

—Si tenemos que falsificar cualquier documento, será fácil convertir mis dos eles en dos des —añadió Ella.

Audrey no se sentía en absoluto identificada con ese nombre, pero su madre creía que era lo mejor y, con once años, ella apenas entendía lo que estaba pasando. El cambio de identidad no la tranquilizó, Audrey se sentía más insegura que nunca. Todo cuanto le había resultado normal hasta el momento estaba desapareciendo, incluso su nombre. Ya no le quedaba mucho por perder. Pronto se estableció para la población un estricto racionamiento de víveres y productos básicos, que se reservaban en su mayor parte para el ejército alemán. Con el corazón en un puño, los ciudadanos vieron cómo les requisaban todas sus pertenencias: vehículos, zapatos, bicicletas, ropa de abrigo... El ejército invasor lo devoraba todo. Cualquier posesión considerada antes ordinaria se había convertido de repente en un objeto de lujo. Las raciones de comida cada vez eran más pequeñas. Cuando llegó el invierno, la escasez de carbón hizo que las familias solo tuvieran permitido calentar una habitación de la casa, en la que debían hacinarse. Los holandeses, que habían disfrutado de una alta calidad de vida hasta que Hitler había cruzado la frontera, vieron con tristeza cómo la pobreza y las enfermedades se instalaban en su tierra.

Para Audrey, el hambre era un dolor nuevo, una especie de tristeza desconocida hasta entonces. Y tenía tanta que algunos días los pasaba enteros en la cama, leyendo, para no pensar en su estómago vacío. En el campo, los granjeros sorteaban la escasez produciendo cultivos pequeños, compartiendo, intercambiando la comida por objetos de valor de los que los ricos se desprendían con tal de tener algo que poner en la mesa. Audrey comía cualquier cosa que llegara al plato. No importaba la procedencia de la comida y tampoco su color: durante esos años se acostumbraron a comer pan verde, pues la única harina disponible era la de guisantes. Conoció el sabor de los bulbos de tulipán e incluso un día descubrió a sus hermanos comiendo galletas para perros. Días fríos e interminables en los que no había nada que hacer más que esperar. Nadie sabía cuánto podía durar aquella situación, aunque Audrey siempre pensaba que terminaría pronto. Y sin proponérselo, contagiaba ese optimismo a todos los que la rodeaban. Como siempre, ella intentaba evadirse con la danza, y se tomaba tan en serio sus clases de ballet que la mayoría de las veces, cuando ensayaba con sus compañeras, olvidaba el horror que había dejado fuera antes de entrar. Pero no era solo cuestión de practicar. La mirada experta de su profesora, Winja Marova, la motivaba y la ayudaba a concentrarse, claro que sí, pero Audrey se sentía cada vez más débil. Cada semana, casi clase a clase, percibía que el agotamiento tardaba menos en entorpecer sus piernas. Y ella sabía el motivo: no estaba comiendo lo suficiente. Aquella nueva tristeza ya no estaba solo en su estómago, sino que se extendía por todo su cuerpo. Cada movimiento le costaba el doble de esfuerzo y de concentración. Pero no pensaba rendirse nunca. Entrenaba durante horas en el conservatorio y en casa, y las pocas posesiones que le quedaban eran algunas revistas de ballet. El orden y la estructura de la danza la ayudaban a afrontar el caos de fuera; la elegancia y la delicadeza la empujaban a seguir soñando. Vestida con el tutú y las zapatillas de ballet se sentía a salvo, aunque tuviera heridas en los pies y el estómago vacío.

No tardó en convertirse en la alumna estelar de Winja, y fue precisamente en sus clases donde Audrey entró en contacto con la Resistencia por primera vez. La admiración que sentía la profesora hacia la pequeña bailarina era recíproca: a Audrey la deslumbraba la pasión de esa mujer y sabía, además, que era su alumna predilecta. Esa fe, que a ojos de una niña de once años parecía inquebrantable, la ayudaba cuando dudaba de su propio talento y le permitía retomar fuerzas para no dejar escapar su sueño. Y por su parte, Winja sentía que Audrey hipnotizaba al público cuando bailaba. No sabía con exactitud qué era, pero había algo en ella que llamaba irremediablemente la atención. ¿Era su ligereza? ¿Tal vez la elegancia innata de sus movimientos? ¿Aquellos grandes ojos despiertos? ¿Qué tenía aquella pequeña bailarina? Todas esas cualidades hacían que Audrey fuese única, y en realidad poco importaba el motivo: Winja tenía claro que Audrey era capaz de hechizar a cualquiera con su sola presencia, y que cuando empezaba a moverse al son de la música lograba que los espectadores olvidaran la amenaza de la guerra. Así que, además de bailar en las clases del conservatorio, pronto empezó a hacerlo también en las «funciones negras» que se organizaban para recaudar dinero para la Resistencia holandesa, que poco a poco seguía creciendo en la sombra. Años después, Winja recordaría a Audrey con estas palabras:

> Estaba dispuesta a darlo todo por aprender. Era muy musical, siempre disfruté enseñándole... Cuando estaba sobre el escenario, incluso aunque solo supiera un poquitín, uno inmediatamente advertía que una llama iluminaba al público.

La Resistencia estaba formada en su mayor parte por jóvenes holandeses que se enfrentaban como podían al régimen nazi. Recopilaban información con el fin de sabotear a los invasores y dar refugio a los aviadores aliados derribados que necesitaban un sitio donde esconderse. Eran muchos, tantos que Audrey conocía bien la mayoría de sus caras. Como la de su hermano Ian, que formaba parte activa de la Resistencia. Y luego, la propia baronesa también se unió. A partir de entonces, la pequeña Audrey también colaboró con ellos de la única forma que sabía: bailando.

Había otros niños y niñas como ella, y Audrey enseguida se percató de que algunos de ellos eran los que transportaban el correo entre los miembros de la Resistencia portando mensajes ocultos en sus zapatos. Una noche, tras una función, se apropió de uno de esos mensajes y decidió ser definitivamente útil para la causa. Era un trozo de papel escrito a mano. Lo dobló, lo acomodó junto a su pequeño pie de bailarina y realizó su primer acto individual de rebeldía contra el régimen invasor.

Estaba aterrorizada, por supuesto, pero por fin sentía que estaba haciendo algo verdaderamente valeroso. Ese miedo ya no la abandonó durante el tiempo que duró la ocupación, pero Audrey conseguía reunir el coraje para mirarlo de frente cada vez que sus ágiles pies transportaban mensajes.

Uno de esos días en los que el hambre y la realidad de la muerte surcaban el aire como la sombra de los aviones que sobrevolaban la ciudad, un hombre abordó a Audrey en plena calle y le susurró que necesitaba su ayuda. Era un miembro de la Resistencia, ella recordaba haberlo visto antes. Con disimulo, con prisas, le dijo que había un paracaidista británico oculto en el bosque de Arnhem y acababan de enterarse de que los soldados nazis, ajenos a su existencia, iban a realizar maniobras en esa zona. Audrey hablaba inglés, era la única que podía advertírselo antes de que fuera descubierto, transmitirle algunas instrucciones y, después, informar a otra persona en el pueblo para que le encontrara un escondite. Audrey podía parecer tímida e insegura, pero en aquel momento no se permitió dudar ni un instante. Simplemente, se internó en el bosque.

Parecía una tarea sencilla, pero Audrey había aprendido a no bajar la guardia. Una pequeña distracción, algo tan inocente como una sonrisa en el momento equivocado, podía ser un motivo de sospecha. Consciente de que el enemigo acechaba en cualquier rincón, Audrey se dirigió al lugar indicado procurando que los nervios no aceleraran en exceso sus pasos. A lo largo de su paseo fue recogiendo flores silvestres, ocultando con ese gesto inocente el motivo que la empujaba a atravesar el prado, a poner en riesgo su vida para ayudar a un hombre, a una causa, a la libertad perdida. Cuando encontró al soldado, Audrey le dio las instrucciones debidas y le aseguró que hallarían para él un lugar alejado del peligro. Ahora solo le quedaba cumplir la última parte de su misión. Regresó al pueblo por un camino diferente, se internó en las calles desiertas y, al girar la última esquina, su corazón se detuvo.

Había dos soldados alemanes allí, de frente. La observaron con detenimiento, murmuraron algo y avanzaron hacia ella. Y la pequeña Audrey, dueña de ese magnetismo silvestre capaz de cautivar a cualquiera, no dejó que ni una pizca del terror que sentía se trasluciera en su mirada. Ella quería ser artista, pensó, llevaba mucho tiempo preparándose para subir al escenario. Cuando uno de los soldados le señaló el camino por el que había venido y le exigió explicaciones, a ella no le tembló la mano: le extendió un ramillete de flores y le sonrió. El otro soldado cogió el ramo y se quedó mirándolo, casi como si no supiera qué hacer ante tamaña incongruencia. La dejaron marchar. Con el corazón desbocado, mantuvo la compostura y siguió caminando hasta que logró localizar al barrendero del pueblo y hacerle la señal convenida. Él asintió: el rescate del aviador británico acababa de ponerse en marcha. Misión cumplida, valiente Audrey. Aquella niña de largas piernas y ojos enormes, aquel cervatillo surgido del bosque, había burlado al enemigo.

Audrey estaba acostumbrada a no saber nada de su padre. Tampoco su madre tenía noticia alguna sobre la dirección que había tomado la vida de su exmarido. Poco podían imaginar que Joseph Ruston, esa figura gris que había desaparecido en la lejanía cuando Audrey volaba hacia Holanda, había sido arrestado. Sus simpatías hacia la ideología fascista lo habían llevado a la cárcel en Inglaterra, donde estuvo preso tres años, y más tarde a un campo de detención en la Isla de

Man. A Audrey se le heló la sangre cuando lo supo. Era una de las peores noticias que podía recibir. Le dolía que estuviera preso, pero lo que realmente le destrozaba el corazón era el motivo por el cual lo habían detenido. ¿Era cierto que su padre apoyaba el régimen nazi? ¿Estaba él del lado del invasor? ¿Estaba de acuerdo con aquellos que robaban, asesinaban y expandían el terror y el hambre por Europa?

Y lo peor aún estaba por llegar. En toda Holanda la Resistencia seguía creciendo y, en consecuencia, la represión nazi se mostraba cada vez más implacable. En un intento frustrado por destruir un tren alemán que transportaba maquinaria militar, y ante la ausencia de una confesión por parte de la Resistencia, los mandos del ejército nazi decidieron que era hora de dejar claro qué sucedía cuando se desafiaba su poder. Sin que les temblara el pulso, reunieron a un grupo de ciudadanos holandeses escogidos al azar y los llevaron al bosque, donde los fusilaron. Era el verano de 1942 y el tío de Audrey, Otto van Heemstra, y una de sus primas estaban en aquel grupo. Audrey, que entonces tenía trece años, tuvo que ver cómo los nazis colocaban a sus parientes y amigos en una hilera temblorosa. Vio la mirada de su tío y de su prima, una mezcla de incredulidad y sorpresa que ya nunca olvidaría. ¿Era así como iban a morir? ¿En ese momento, allí delante? Y de pronto la cara que veía era la de su padre, lejano y esquivo. ¿Él estaba a favor de esto? No podía creerlo, no podía aceptarlo. Cuando sonó la ráfaga, desvió la mirada. No quería guardar en su memoria el recuerdo de los cuerpos desplomándose. Tal como lo describió ella misma:

> En mi adolescencia conocí la fría garra del terror humano; lo vi, lo oí, lo sentí. Es algo que no desaparece.

Su padre estaba preso, su tío y su prima habían sido fusilados, y el hambre era cada vez más atroz. El café, los huevos y la carne habían desaparecido. Apenas había nada que llevarse a la boca. Se acercaba el invierno del hambre, en el que más de veinte mil personas murieron en Holanda debido a la hambruna, y otros varios miles a causa de enfermedades relacionadas con la desnutrición. Audrey y Ella se mudaron a una de las casas del barón en Velp, a las afueras de Arnhem, donde compartieron la miseria con su tía Miesje, que acababa de enviudar, y sus abuelos. Las emisiones de propaganda y los ratos en los que se sentaba con su abuelo al lado de una pequeña lámpara para hacer crucigramas eran los únicos momentos de entretenimiento que tenía, en los que podía distraer ligeramente su atención del vacío de su estómago.

Una mañana de aquel crudo invierno, la corta vida de Audrey sufrió una nueva convulsión: en plena calle, un grupo de soldados alemanes armados ordenaban a cuantas mujeres y niñas veían que se pusieran en fila. Audrey estaba allí e intentó aplacar el miedo recitando para sí el padrenuestro en holandés mientras obedecía a los soldados. Sabía muy bien que no había margen para la desobediencia, pero tenía que pensar algo rápido para salir de allí. Las obligaron a subir a tres camiones militares, que avanzaron torpemente por las calles de Arnhem. Audrey miraba alrededor. Lo único que veía era el terror mudo en las caras de todas aquellas niñas y mujeres. ¿Iban directas a la muerte? Los camiones se detuvieron y los soldados empezaron a golpear a ciudadanos judíos, identificados por la estrella de David cosida en la ropa que estaban obligados a usar. Audrey oyó el terrible ruido de las armas chocando contra los cuerpos de los prisioneros y, en medio de la confusión, durante unos segundos eternos, se olvidó del miedo, se olvidó de sus piernas paralizadas por el pánico y saltó del camión. No corrió: se escondió a cuatro patas bajo las ruedas. Temía que el conductor la hubiera visto, pero no fue así. Y cuando el convoy arrancó, quedó al descubierto en medio de la calle, hecha un ovillo. Supo que había vuelto a nacer, una vez más, y se sintió la única responsable de su propio destino.

En septiembre de 1944, tras el fracaso del mayor ataque de las fuerzas aliadas por recuperar el territorio ocupado, Arnhem quedó prácticamente destruido. La maniobra, llamada Operación Market Garden, involucró a casi cien mil soldados de las fuerzas aliadas. Pero, a pesar del gran despliegue humano y estratégico que tenía por objetivo recuperar cinco puentes sobre los principales ríos de Holanda, la ofensiva resultó totalmente infructuosa: solo trajo más muertes, detenciones y desesperación.

El hambre y el terror provocaron un éxodo al campo. Miles de personas abandonaron las ciudades sin equipaje y sin rumbo, huyendo en busca de alimento que les permitiera sobrevivir. Audrey, ya establecida por aquel entonces en las afueras del pueblo, contempló con el corazón en un puño el desesperado desfile de familias con bebés, niños, enfermos y ancianos que se arrastraban por los caminos en busca de abrigo y alimento, bienes de lujo que muy pocos poseían. Audrey sí tenía un techo bajo el que resguardarse, pero ya no quedaba comida. Por entonces, toda su familia debía conformarse alimentándose con ortigas y hierba.

La desnutrición la había debilitado tanto que, muy a su pesar, tuvo que renunciar a sus clases de ballet. Le fallaban las fuerzas y temía desfallecer durante los ensayos. Al hambre, ese compañero del que Audrey no lograba separarse, pronto se le unió el frío crudo que se había adueñado del país. La temperatura descendía bajo cero todos los días y cualquier pedazo de madera servía para hacer leña. Mobiliario, estructuras de casas abandonadas o cobertizos se despedazaban para proporcionar algo de calor a los que aún sobrevivían. En su casa llegaron a acoger a cuarenta personas. No cabían más, pero la falta de comida seguía siendo un problema allí también, por lo que todos acabaron por marcharse para seguir por los caminos con destino a ninguna parte. Solo huían del horror. Hacia dónde, no lo sabían. La lucha por la supervivencia era lo único que los movilizaba en ese terrible invierno.

Pocos años después, Audrey leyó el diario de Anna Frank. Ambas habían vivido la brutalidad del régimen de Hitler cuando eran niñas, con la misma edad, en el mismo país. Y la impresión que le produjo aquel relato común no se le olvidaría. Se identificaba con el miedo que sentía la pequeña judía, y también con sus ganas de vivir.

> El espíritu de supervivencia es muy fuerte en las palabras de Anna Frank. En un momento dice «estoy deprimida» y al siguiente te habla de que quiere montar en bici. Ella es la muestra de una infancia en terribles circunstancias.

Como Anna, Audrey se aferraba a las pocas grietas luminosas que le ofrecía la vida, a la espera de que llegara el primer día de libertad.

> Mientras esto exista —y yo pueda disfrutar de este sol radiante, este cielo sin nubes—, no puedo estar triste.

~

La mañana del 4 de mayo de 1945 amaneció en el más absoluto silencio. Durante toda la noche habían escuchado gritos y detonaciones de obuses procedentes del río. Al alba, el hogar de Audrey parecía irrealmente sereno. Era el silencio de la paz. ¿Acaso era cierto? ¿Había terminado por fin la guerra? Poco a poco, la calle fue llenándose de vítores y cantos. Audrey se asomó por la ventana y vio un grupo de soldados británicos recorriendo las calles. Cuando abrió la puerta, se percató de que su propia casa estaba rodeada de militares aliados empuñando sus armas. Audrey, cubierta de harapos, chilló de alegría y se dirigió a ellos en inglés. Este ejército olía distinto, olía a combustible y tabaco. ¡Olía de maravilla! Este olor siempre le evocaría la libertad.

La joven Audrey, que ya medía metro setenta, escuálida y famélica tras el largo período de hambre, se acercó alegre a los soldados y les pidió un cigarrillo. Al ver su estado, uno de ellos le ofreció todo el chocolate que llevaba encima: en un instante, Audrey devoró cinco tabletas como si temiese que se desvanecieran en el aire, que nada de aquello fuera real. Pero vaya si lo era. El cigarrillo le hizo toser, el chocolate la hizo enfermar. Su estómago, habituado a la sopa de ortigas, aún no estaba preparado para comer con normalidad. Audrey estaba deseando reanudar la vida que la guerra la había obligado a poner en pausa.

Con la llegada de la Administración de las Naciones Unidas para el Auxilio y la Rehabilitación (UNRRA), los ciudadanos de Arnhem y Velp tuvieron acceso a comida, mantas, medicinas y ropa. Las escuelas se convirtieron en centros de ayuda y Audrey fue atendida, como el resto de la población infantil, con una humanidad que nunca olvidaría. La UNRRA, precursora de Unicef, les envió miles de cajas repletas de víveres con los que Audrey había soñado cuando su estómago se quejaba por el hambre: leche en polvo, galletas, queso... Tenía acceso a todo aquello que hacía solo unos años, de un día para otro, había desaparecido. Había llegado la paz, el calor humano. Había llegado el momento de recuperar su vida.

Holanda había sido liberada, pero los estragos de la guerra eran profundos. Ante el abrumador número de holandeses heridos o impedidos, la reina Guillermina emitió un mensaje radiofónico pidiendo colaboración para atenderlos. Audrey recordó al instante un principio que su madre le había repetido durante su infancia como si de un mantra se tratara: «Los demás van antes que uno mismo. El prójimo siempre es más importante».

Esa filosofía, que le había sido útil para superar algunas dificultades, ahora las llevaría a las dos a instalarse en un hospital de Ámsterdam hasta principios de 1946, donde colaboraron en la atención de los enfermos, ayudándolos con sus necesidades físicas o a escribir y leer cartas.

Audrey ya no volvería a ser Edda van Heemstra, pero tampoco sería Audrey Ruston. Aunque provenía de la otra rama de la familia, la de su marido, fue Ella la que decidió recuperar el apellido Hepburn y anteponerlo a Ruston, con la idea de engalanar la identidad de su hija. Ocurría que Hepburn era el único nombre aristocrático que pudo encontrar en el árbol familiar de Ruston: el apellido de la abuela de su padre, supuestamente descendiente de James Hepburn, conde de Bothwell, el tercer esposo de Mary, reina de Escocia. Así, Audrey comenzó a utilizar los apellidos combinados, Hepburn-Ruston, y finalmente, en honor a su bisabuela, se quedó solo con el primero.

En tanto, el sueño de ser bailarina no solo no había desaparecido, sino que se mantenía más fuerte que nunca. Su madre estaba dispuesta a seguir adelante y, aunque no tenían dinero y apenas había viviendas disponibles en Ámsterdam, Ella alquiló un pequeño apartamento y empezó a trabajar como cocinera. El sueldo era muy bajo, pero pudo apuntar a su hija a sus deseadas clases de ballet, donde Audrey empezó a recibir las lecciones de una joven e innovadora maestra llamada Sonia Gaskell gracias a las recomendaciones de su querida Winja Marova.

Audrey asistía a aquellas clases con renovada ilusión, pero no tardó en notar ciertas diferencias entre ella y el resto de sus compañeras. Audrey se cansaba muy rápido, no soportaba ciertas posturas durante mucho tiempo y se daba cuenta de que su cuerpo era menos flexible y resistente que el de las demás. Gaskell no le decía nada. Al contrario, se mostraba encantada con su vitalidad y su compromiso en los ensayos, pero

Arriba, Audrey en Arnhem durante la ocupación. Cuando finalizó la guerra, tenía quince años y padecía serios problemas de desnutrición. Abajo, la ciudad en el día de su liberación, el 14 de abril de 1945.

mostraba ciertas reservas debido a las visibles consecuencias que la guerra había dejado en el cuerpo de su nueva alumna. Y aunque Audrey se aferrara a su pasión con todas sus fuerzas, traía consigo una verdad de la que ya no podía huir: cinco importantes años de su desarrollo físico habían estado marcados por la escasez y el hambre, y, aunque la lucha por la supervivencia había terminado, ahora era el momento de enfrentarse a la realidad de lo que la guerra había hecho con ella. Y así, después de tantos años sin flaquear, aquel verano Audrey se sintió desfallecer. La guerra había sido muy dura, eso era innegable, pero durante todo aquel tiempo de escasez, Audrey había descubierto el valor de la comunidad, la importancia de compartir y el calor humano que los había mantenido unidos y con vida a todos. Ahora que la guerra había acabado, ¿dónde había quedado todo aquello? ¿Es que tendría que enfrentarse sola a todo a partir de ahora? La larga sombra de la depresión se cernió sobre ella. Afloraron los fantasmas del pasado: el abandono de su padre, la búsqueda incesante de afecto, la soledad del internado, la guerra, el hambre, toda aquella oscuridad. Y ahora, la incertidumbre de la danza. Empezó a comer para intentar distraer su mente. Comía de todo, en especial chocolate, que siempre tuvo para ella el sabor de la libertad. Y dormía para no pensar.

Como siempre había ocurrido en su vida, la danza vino a rescatarla. Sonia Gaskell le dijo a Audrey que existía la posibilidad de que pudiera ingresar en una escuela de estudios avanzados de danza en Londres, pero tenía que ponerse en forma. La promesa fue suficiente estímulo para ella. En poco tiempo, logró recuperar la ágil figura que exigía el mundo del ballet.

Y tal como Gaskell imaginó, la prestigiosa escuela londinense de Marie Rambert aceptó a Audrey con una beca. El problema es que tenía que asumir el alojamiento y los gastos de manutención, y su madre y ella apenas llegaban a final de mes. La única solución era que ambas se marcharan a vivir a Londres. Con ese objetivo en mente, Audrey empezó a realizar trabajos como modelo a tiempo parcial y participó en una película documental interpretando el papel de azafata. También rediseñó sombreros que vendía a las clientas del salón de belleza en el que entonces trabajaba su madre. Su mirada estaba puesta en Londres: su único objetivo era ahorrar para ir allí, donde soñaba con empezar una carrera fulgurante en el mundo de la danza. Sí, por fin ponía rumbo a sus sueños.

A finales de 1948, con el dinero suficiente para comenzar una nueva vida, Audrey partió junto a su madre hacia Londres, donde la baronesa había encontrado un trabajo como portera en un modesto edificio de apartamentos de South Audley Street, en Mayfair. Allí, una ágil y determinada Audrey Hepburn salía corriendo cada mañana hacia la escuela de danza para ensayar. Se estaba preparando para ser la mejor y pronto todos podrían ver de lo que era capaz. Solo tenía que subir a un escenario para mostrar aquello que la hacía única.

2

EL SUEÑO IMPREVISTO

Mi carrera es un misterio para mí. Ha sido una sorpresa
desde el primer día. Nunca se me ocurrió que llegaría
a ser actriz, nunca creí que trabajaría en el cine
y nunca pensé que mi vida tomaría el rumbo que tomó.

AUDREY HEPBURN

En la imagen de la página anterior, una divertida Audrey en camisón durante la audición para el papel de la princesa Anna en Vacaciones en Roma. *Tras esta actuación, la siguieron grabando sin que ella se diera cuenta para captar su expresividad y su talento natural, aquella chispa que enamoraba.*

Hacía mucho tiempo que Audrey Ruston había abandonado Inglaterra a bordo de aquel aeroplano naranja y allí estaba otra vez, nueve años y varias vidas después, convertida en Audrey Hepburn. Su sueño era vestir un tutú y bailar en el emblemático teatro del Covent Garden, ser primera bailarina de una gran compañía. Quería mostrar lo que sabía, brillar, llegar lejos. Y estaba decidida a seguir trabajando muy duro para conseguirlo.

La nueva rutina de Audrey en Londres la regían las manecillas del reloj. Los días empezaban temprano y acababan muy tarde, pero ella se sentía pletórica. La primera clase comenzaba a las diez de la mañana, y la última, a las seis de la tarde. Entre medio, Audrey hacía pequeños trabajos a tiempo parcial como modelo, niñera o portera. Su madre y ella siempre iban justas de dinero, así que aquel año de 1948 se caracterizó por el pluriempleo. Compartían ingresos y alojamiento, y, pese a las dificultades, eran felices de ver renacer su vida.

Las clases de baile eran realmente agotadoras. El prestigio del que gozaba la coreógrafa Marie Rambert no era gratuito.

Era muy exigente, al punto de que si veía a alguien con los brazos cruzados o con el torso relajado, le atizaba en los nudillos con una vara. Audrey había visto llorar a algunos de sus compañeros, pero ella estaba acostumbrada a la disciplina y dispuesta a lo que fuera para cumplir su sueño. Ya no podía esperar más.

A raíz de su físico menudo, *madame* Rambert recibía también el apodo de *madame* Avispa. Y si bien era inflexible en los entrenamientos, era también muy generosa con sus discípulos cuando apreciaba cualidades y disciplina. A Audrey, por ejemplo, le ofreció una habitación en su residencia en Campden Hill Gardens, en Kensington. Desde que vio su breve actuación y la escuchó hablar sobre sus estudios en la primera prueba supo que la recomendación de Sonia Gaskell era acertada: aquella joven tenía un talento y una energía desbordantes.

Pero con el paso de los días, en aquellas clases Audrey se daba cuenta de que estaba por detrás de sus compañeras. Iba algo rezagada. Los *arabesques* que ellas realizaban eran más perfectos, sus movimientos mucho más precisos, sus cuerpos más resistentes. Todas llevaban años con prácticas regulares de ballet, mientras que ella no solo había tenido que interrumpir su formación, sino que, además, el hambre había hecho mella en su cuerpo. ¿Le habría robado su sueño la guerra? A veces, por las noches, cuando terminaba un día especialmente agotador o frustrante, esa posibilidad cruzaba por su cabeza. Pero a la mañana siguiente los nubarrones de la duda desaparecían. Se despertaba despejada y acudía a clase con una idea muy clara: hacerlo mejor que el día anterior. Conocía su cuerpo y sus puntos débiles y se concentraba en perfeccionarlos. Cuando la clase terminaba, en su escaso tiempo libre, Audrey insistía en repetir los movimientos que requerían una técnica más depurada o, simplemente, los ejercicios que le permitieran adquirir el tono muscular o la elasticidad que le faltaban. Eran horas de soledad y reiteración. Se observaba de lado en el enorme espejo, intuía cómo debería ser exactamente tal o cual movimiento y, si fallaba, volvía a intentarlo una vez más, explorando los límites de su cuerpo. Pero había algo con lo que no podía lidiar: su altura. Audrey medía metro setenta, varios centímetros más que sus compañeros varones, y costaba mucho encontrar parejas lo bastante altas para ella. Además, Rambert tenía predilección por las bailarinas menudas para sus coreografías. Audrey era consciente de que su altura podía limitarla, por eso intentó sacar provecho de ella:

> Lo intenté todo para convertirla en una baza a mi favor. En lugar de trabajar en *allegro*, con pequeños movimientos tensos, tomé clases extra en *adagio*, de modo que pudiera usar mi propia figura en mi provecho.

A finales del verano de 1948, Marie Rambert preparaba un nuevo espectáculo que llevaría a su compañía de gira por Australia y Nueva Zelanda durante quince meses. La expectación entre los bailarines era máxima. El sueño de todos ellos estaba a solo una palabra de distancia, un «sí» pronunciado por los rígidos labios de Marie Rambert en los próximos días. Audrey tenía una ilusión superlativa puesta en aquel espectáculo, había llegado la hora de la verdad. Si algún día iba a bailar en Covent Garden como primera bailarina, ella debería estar en aquella lista.

Pero llegó el día en el que Marie Rambert anunció a las bailarinas que la acompañarían y entre todos los nombres no estuvo el suyo. Se hizo un enorme silencio.

—Eres demasiado alta —le dijo Marie al ver su cara de incomprensión—. Además, has empezado el verdadero entrenamiento siendo demasiado mayor. Seguro que serás una segunda bailarina estupenda, o una profesora de ballet brillante, pero veo difícil que puedas llegar a ser primera bailarina.

Audrey apreció su sinceridad. Aquel día, después del alboroto que supuso el anuncio de la profesora, la clase se fue disgregando poco a poco. Audrey se quedó sola en la enorme sala vacía. Podía sentir en los pies la presión de sus zapatillas de ballet. Y era una sensación contradictoria porque, de alguna manera, hubo algo de liberador en su exclusión de la lista. Ella sabía que tenía la voluntad y la disciplina para esforzarse más que nadie en alcanzar su sueño. Lo había demostrado durante todos esos meses, desde su llegada a Londres. Pero empezaba a darse cuenta de que quizá perseguía el sueño equivocado. ¿Tenía sentido obcecarse cuando las causas de su fracaso escapaban a su control? No pudo evitar que una lágrima bajara por su mejilla hasta sus labios habitualmente sonrientes. Durante los duros años de la guerra, el ballet había sido lo más importante que había tenido. Le había dado un motivo para mantenerse con vida, le había ofrecido una ilusión, la había traído hasta aquí, hasta esta sala, este día. Estaba despidiéndose de su gran sueño, ¿cómo no iba a llorar? Era muy alta y muy frágil y nunca podría competir con aquellas que habían tenido una alimentación adecuada. Definitivamente, la guerra había cambiado su destino.

Audrey, como la ciudad de Londres en su conjunto, se estaba reconstruyendo. Los cráteres que las bombas habían dejado en las calles poco a poco volvían a llenarse. Los edificios a medio derruir seguían mostrando los enormes mordiscos de las explosiones, pero al menos los escombros ya no ocupaban las calles. Llevaría mucho tiempo todavía borrar todas las cicatrices de la guerra, pero era evidente que estaban en el buen camino. Incluso con problemas de abastecimiento de muchos productos básicos, y con algunos de ellos todavía racionados por el Gobierno, el ánimo de la gente remontaba. No era exultante, pero empezaba a ser más optimista. También Audrey había empezado a buscar la manera de renacer de sus propias cenizas.

Lo primero que hizo fue abandonar la residencia de Kensington y regresar con su madre. Junto con otros de sus compañeros que también habían sido rechazados por Rambert para la gira, Audrey había empezado a buscar agencias artísticas para intentar poner un pie en el mundo del teatro. Con sus dotes de baile, su físico esbelto y esa belleza natural que todos le decían que poseía —aunque ella no estuviera convencida del todo—, empezó a asistir a audiciones y pruebas de reparto para espectáculos nocturnos de cabaret.

Sí, Londres estaba despertando de su letargo. La economía del país, al fin y al cabo victorioso en la guerra, comenzaba a recuperarse, pero todavía era difícil subsistir gracias a una carrera artística. Una vez saciados los estómagos y reparados los tejados, se hizo evidente que la población quería olvidar las desgracias y, sobre todo los jóvenes, distraerse con una nueva oferta artística y cultural. Desde el teatral barrio del West End hasta los suburbios más alejados, afloraban en la ciudad espectáculos de todo tipo. Uno de ellos era la comedia musical *High button shoes*, cuyo director, Archie Thomson, buscaba coristas para algunos números musicales cortos y con una nota de humor. Era tal la magnitud de aspirantes que a la prueba se presentaron tres mil jóvenes, de entre los que seleccionó tan solo a cuarenta. Una vez más, Audrey se enfrentaba a una lista. Pero esta vez su nombre sí figuró en ella. Tras ser elegida, firmó aquel breve contrato de tan solo una página y su destino quedó sellado: el 22 de diciembre de 1948 empezó a actuar en el teatro haciendo lo que mejor se le daba: bailar sobre el escenario. Recibía nueve libras por doce funciones a la semana. No era el tipo de espectáculo con el que había soñado, pero empezaba a ganarse la vida bailando. Por poco que fuera, tenía un inconfundible sabor a triunfo. Los días grises de Arnhem, el hambre y el frío, el sueño roto de ser una bailarina profesional, todo quedaba atrás. Sentía que por fin volvía a llevar las riendas de su vida, que era posible tener una vida. De aquella época, recordaría:

> Me hacía mucha falta tener música en mi vida. Disfruté compartiendo camerino con otras chicas. Eso me devolvió a la vida normal. Desde una edad muy temprana fui muy consciente de la existencia del sufrimiento y el miedo. Por primera vez, sentí la absoluta alegría de vivir.

Audrey canalizaba esa alegría a través de la disciplina y el esfuerzo. En el fondo, su pasión seguía intacta. Solo debía asegurarse de estar a la altura del resto de las bailarinas del elenco.

No lo consiguió: las superó a todas claramente. La obra, que estuvo en cartel durante doscientas noventa y una representaciones, tuvo una gran repercusión a nivel colectivo, pero para Audrey supuso un paso más. Una noche de primavera de 1949, al finalizar una de las funciones, se le acercó un hombre que se presentó con el nombre de Cecil Landeau. Era el productor de un espectáculo de revista musical llamado *Sauce Tartare*, y quería a Audrey en él compartiendo escenario con artistas de distintas nacionalidades. Seguiría siendo corista, pero sería una de las cinco bailarinas que saldrían al escenario y en varios números incluso tendría unas líneas de diálogo.

¿Dónde estaba toda esta vida hacía tan solo unos meses? ¿De dónde nacía esta energía que la envolvía y la impulsaba hacia el futuro a una velocidad vertiginosa? Con *Sauce Tartare* hacía seis funciones nocturnas y dos matinales. Además, tomaba lecciones de movimiento y de dicción, y los sábados por la mañana, para no perder su entrenamiento de danza, asistía a clases de ballet con barra. Incluso le quedaba tiempo para continuar con sus pequeños trabajos como modelo. Casi sin darse cuenta, Audrey había conseguido ganarse un lugar sobre el escenario y aparecer en anuncios de revistas y periódicos. Todavía era una desconocida, pero había llamado la atención de las miradas adecuadas. Su imagen empezaba a difundirse sutilmente por la ciudad y su popularidad se iba extendiendo sin hacer apenas ruido. Era imparable, como una pequeña y rápida chispa que se expandía iluminando el mundo a su paso.

Sauce Tartare resultó ser un inesperado éxito: no solo logró estar un año en cartel, sino que en total se celebraron cuatrocientas treinta y tres representaciones, más de un pase diario. Landeau se propuso aprovechar el éxito para programar la segunda parte, *Sauce Piquante,* para la que también contó con Audrey, ahora en un papel más destacado. El director teatral se percató desde el principio de su magnetismo, su capacidad para atraer las miradas con su sola presencia. Cuando Audrey aparecía sobre el escenario resultaba imposible no prestar atención a su estilo, a su gracia, a la energía imparable que desprendía y, sobre todo, a su evidente inconsciencia de lo que provocaba en los demás. Quizá el secreto de Audrey consistía simplemente en ser algo diferente de lo que todos esperaban de ella. Bailaba, pero ahora lo hacía de un modo instintivo, sin la estoica profesionalidad del ballet. Era modelo, pero su imagen era radicalmente opuesta al canon de belleza de la época, mucho más voluptuoso y de cabellos dorados. Hablaba inglés a la perfección, pero había un rastro extranjero en su acento que les decía a todos que era alguien de mundo. Y era elegante de una manera natural e inexplicable, como puede serlo una flor en la naturaleza. No era de extrañar que por entonces empezara a recibir numerosas cartas de admiradores, aunque a ella su inseguridad y su humildad le impidieran entender por qué.

Landeau le había pedido que participara, además, en una versión abreviada de *Sauce Tartare* y Audrey estaba realmente desbordada. Fue la época en la que empezó a fumar, sin saber muy bien por qué. En parte, sentía que fumar le apaciguaba los nervios y le transmitía el aroma de la libertad, el de aquel primer cigarrillo que fumó el día de la liberación de Arnhem. Tenía una marca preferida, los Gold Flakes.

Sauce Piquante se estrenó el 27 de abril de 1950 y, aunque no llamó la atención de los críticos, la actuación de Audrey no pasó desapercibida. Y una vez más, la escena de hombres del mundo del espectáculo llamando a su camerino se repitió a los pocos días del estreno, no una sino dos veces más. La primera fue una noche, después de que sonara la última nota de la función, esa que le recordaba que al fin podía descalzarse y regresar a casa. Se acercó a ella un hombre de frente ancha y gafas redondeadas que la había estado observando con especial interés durante la función. Era Thorold Dickinson, un reconocido escritor y director de cine británico que por aquel entonces estaba buscando actores para una importante película internacional. Estaba muy interesado en hacerle una prueba para un papel. La segunda vez fue el cineasta italiano Mario Zampi el que, tras descubrirla en *Sauce Piquante*, le ofreció la secuencia inicial de una comedia que tenía previsto rodar ese mismo otoño.

Probar suerte como modelo y bailarina de espectáculo había resultado un gran acierto, pero... ¿actuar en una película? ¡Eso sí que era una gran oportunidad! Muchos eran los que elogiaban su naturalidad, su elegancia desenfadada y sus gráciles movimientos, pero la interpretación era un mundo nuevo del que no sabía nada. ¿Sería capaz de desenvolverse ante una cámara? Para aprovechar esa oportunidad, Audrey vio claro el camino que debía seguir: tomaría lecciones de arte dramático. Con la ayuda del actor y profesor Felix Aylmer aprendió a modular la voz a través de la lectura de obras modernas y clásicas. En 1950, el cine británico estaba resurgiendo de la parálisis en la que lo había sumido la guerra. Muchos directores habían emigrado a Hollywood en la década anterior, y ahora comenzaban a surgir nuevos nombres que se orientaron tanto a la comedia como a historias más crudas y comprometidas, con un trasfondo de realismo social.

Además, después de tanto tiempo haciendo trabajos como modelo, la carrera de Audrey en el mundo de la moda empezaba a ganar cada vez más peso. Las marcas buscaban su refinamiento, y por primera vez Audrey empezó a prestar atención a los diferentes diseños, la combinación de colores, el peso de los accesorios en la imagen que proyectaba. En cierta forma, fue un aprendizaje accidental que le ayudó a reforzar esa elegancia innata que todos le atribuían. Y era una excelente carta para jugar en su todavía incipiente carrera cinematográfica.

Ese mismo año conoció a Robert Lennard, la persona que le abriría las puertas del cine. Lennard era uno de los directores de reparto de la ABPC —Associated British Pictures Corporation— e intentó convencerla de que firmara un contrato de siete años con ese estudio. Pero… ¿siete años? Le pareció una eternidad. Audrey tenía muchos caminos abiertos por entonces. Ella misma no habría sabido definir su profesión: ¿era bailarina? ¿Cantante? ¿Modelo? Trabajar en múltiples cosas a la vez parecía que funcionaba muy bien, no iba a cerrar uno de sus caminos sin saber cuál era el que iba a resultar mejor. Lennard tuvo que reformular su oferta: le propuso participar en tres películas de la ABPC con pequeños papeles de reparto, por los que cobraría quinientas libras por la primera película, mil por la segunda y mil quinientas por la tercera. Esta vez, Audrey aceptó sin pensarlo: para ella, esas cifras eran astronómicas. En aquel momento, entre *Sauce Tartare* y una pequeña obra infantil

Arriba, Audrey practicando en la barra a finales de los años cuarenta en Londres. Abajo, en 1949, con tres de sus compañeras de reparto de Sauce Tartare *delante del Cambridge Theatre de Londres.*

que hacía para completar su sueldo ¡solo llegaba a las doce libras semanales!

Poco antes de rodar con Mario Zampi, tuvo su primera participación en *One Wild Oat*, de Charles Saunders, donde interpretó a una estirada recepcionista de hotel que recibía una llamada de un antiguo novio. Su aparición en la película apenas duraba veinte segundos. Después de aquella primera experiencia, Audrey participó en la cinta de Zampi *Risa en el paraíso*. Rodó un solo día y apenas apareció en tres escenas interpretando a una vendedora de cigarrillos. Luego vinieron *Oro en barras* y *Young Wives' Tale*, las dos que completaban el acuerdo de tres películas de la ABPC. Era 1950, Audrey tenía veintiún años y en pocos meses había participado en varias películas, todas de poca trascendencia, en todas con papeles pequeños, pero teniendo en cuenta su falta de experiencia, estaba más que satisfecha.

Y por entonces, Thorold Dickinson, aquel director que unos meses atrás la había buscado para prometerle una prueba, reapareció en busca de «una actriz capaz de bailar, o una bailarina capaz de actuar». Los dos papeles protagonistas para *Secret People* ya estaban adjudicados, pero faltaba encontrar a Nora, perfil para el que Audrey encajaba perfectamente: se enteró de que partía con desventaja porque los dos protagonistas no eran altos, por lo que estaban buscando un reparto que estuviera, literalmente, a su mismo nivel. El 23 de febrero de 1951 se realizó la audición. Ella era la última de las candidatas, y no estaba especialmente nerviosa, pues tenía que hacer lo que más le gustaba: bailar. Y bailar, para ella, siempre había sido como estar en casa. Antes de la segunda audición, los productores ya se habían decidido por Audrey, sin importar su estatura.

Secret People era un drama ambientado en 1937 que explicaba las dificultades a las que se enfrentaban dos hermanas tras exiliarse de su país. Audrey iba a interpretar el primer papel dramático de su corta carrera. Hasta entonces no había hecho más que pronunciar alguna frase suelta en escenas cortas, en comedias ligeras, pero esto era otra cosa. Y además, aquella historia de Nora y su hermana en un país en guerra, en la que ella tenía que bailar, la devolvió irremediablemente a Arnhem. No fue fácil rodar ciertas secuencias, especialmente aquella en la que una bomba explotaba mientras ella bailaba. El cine era demasiado real. Y la realidad había sido demasiado dura. Pero Audrey conocía muy bien los sentimientos de Nora y, pese a las dudas, se sintió muy capaz de transmitir la tristeza, el temor o la inquietud que el personaje le exigía.

De pronto, se encontró con que sus días volaban entre audiciones, rodajes y trabajos como modelo. Y a pesar de que la vida se movía rápido y casi no tenía tiempo para nada, algunas noches la invitaban a asistir a fiestas organizadas por la industria del cine, a las que solía acudir con su agente, Jack Dunfee. En realidad, aquellas fiestas eran una parte más del trabajo, pero Audrey se paseaba por allí sin importarle el *star system*. No había necesitado de estas fiestas para llegar adonde había llegado, y tampoco las necesitaba ahora. Lo que la intrigó fue aquel hombre al que nunca había visto antes y que no parecía pertenecer al mundo del cine. Era alto, elegante y distinguido, casi podía adivinarle un cierto aire aristocrático. Alguien le dijo que su nombre era James Hanson, que tenía veintiocho años y, en efecto, ninguna relación con el mundo del cine, pero sí una gran fortuna heredada de negocios familiares relacionados con el transporte. Era la clase de hombre que coleccionaba coches deportivos y jugaba al golf y al polo. Y sin embargo, en cuanto tuvo una oportunidad de hablar con Audrey, lo primero que dijo sobre sí mismo fue que había servido durante la Segunda Guerra Mundial en el regimiento del Duque de Wellington. Todo aquello que había hecho en la guerra, y todo lo que no había hecho, le contó, eran sus únicas posesiones, no lo que había heredado. James era atento y divertido, y a Audrey le pareció guapísimo. Al día siguiente la invitó a comer, y al atardecer, ella ya estaba enamorada.

Durante el rodaje de *Secret People*, la ABPC propuso a Audrey un nuevo proyecto. Se trataba de una película llamada *Americanos en Montecarlo,* una comedia musical que se rodaría tanto en inglés como en francés aquella primavera. La idea era filmar las escenas en inglés y, a continuación, volver a grabarlas en francés. Y como Audrey hablaba los dos idiomas, no tendría problemas en participar en las dos versiones. Era un papel pequeño, pero estaba bastante bien pagado y se rodaba en el Principado de Mónaco. Además, le dijeron, vestirían a su personaje con prendas de Christian Dior, y ella, que tenía ya bastante experiencia como modelo, sabía apreciar la buena costura de esta marca que estaba ganando glamur en la moda parisina con unos modelos que a ella le favorecían: cintura estrecha y faldas anchas y largas. Además, Audrey siempre había querido visitar la Riviera francesa y, aunque tendría que estar un tiempo alejada de James, aceptó el papel.

> Era una joven que tenía una determinación muy clara de lo que quería hacer para lograr lo que logró —la recordó años más tarde el recién prometido James Hanson—. Había hecho un par de papeles pequeños en películas y su carrera estaba a punto de florecer. Nadie que la viera podía dudar de ello.

Para ser finales de mayo, hacía un calor extraordinario en Montecarlo. Las prisas, los nervios y el maquillaje tampoco ayudaban. Estaban rodando las escenas exteriores en el lujoso hotel París y todo ocurría dos veces: silencio, claqueta, «¡acción!» y la escena en inglés. Cuando terminaban, los actores volvían a su posición inicial, como si el tiempo retrocediera: silencio, claqueta, «¡acción!», y la misma escena, pero en francés. Era un desafío para el temple de cualquiera. Audrey se desplazaba de un lado a otro interpretando el papel de una artista famosa sometida a numerosas peripecias para encontrar a su bebé. Rodando en exteriores, era imposible que las escenas quedaran exactamente iguales. Aquí el viento soplaba de pronto y ladeaba el ala de un sombrero, allí una nube dejaba un parpadeo de sombra sobre un rostro. Mientras actuaba, tal vez nadie más se dio cuenta, pero Audrey detectó con el rabillo del ojo a una pareja de ancianos que a punto estuvo de colarse en el plano. Advirtió que la excéntrica mujer, que iba en silla de ruedas y tenía una abundante y rizada cabellera blanca, se había quedado observándola a ella. Ni siquiera había intentado disimularlo. Incluso vio que con un gesto atraía a su acompañante, un anciano no mucho más dinámico que ella, y le decía algo mientras la señalaba.

Audrey no podía saber que esa mujer era Sidonie-Gabrielle Colette, la escritora francesa que en la primera mitad del siglo XX se había convertido en un icono de libertad e irreverencia. Pocos autores —y mucho menos, autoras— habían explorado con tanta profundidad los sentimientos, su propia bisexualidad, la prisión cotidiana que podía asfixiar a las mujeres de su tiempo. A lo largo de su vida, Colette había sido periodista, guionista y artista de cabaret, y ahora, en aquella sofocante primavera de 1951, se alojaba en el hotel junto con su marido, Maurice Goudeket, como huéspedes del príncipe Rainiero. Cinco años antes, tras una extensa carrera literaria, había alcanzado notoriedad internacional de una forma un tanto inesperada: una novela breve en clave de comedia titulada *Gigi* protagonizada por una joven fresca y con mucho desparpajo. Acaso Colette fue la más sorprendida de su éxito, pues, para ella, Gigi no tenía nada de extraordinario: se había basado en su propia juventud, en el descubrimiento de que su destino como mujer casada suponía «el fin de mi carácter de muchacha, intransigente, bonito, absurdo».

Ahora querían hacer una obra teatral de su novela, pero Colette no conseguía encontrar a Gigi por ninguna parte. Venía de pasar una larga temporada en Nueva York supervisando las pruebas a más de doscientas jóvenes para el papel protagonista. La obra se estrenaría en Broadway en los meses siguientes. Ahora, en Montecarlo, del modo fortuito en el que ocurre el arte, Colette lo vio con absoluta claridad.

Ese fue el momento en el que le indicó a su esposo que se acercara: «Ahí está mi Gigi», le dijo, señalando a Audrey. La escritora siempre fue consciente de la extraña fortuna de aquel hallazgo:

> ¿Qué autor espera encontrar a una de sus criaturas en carne y hueso? Yo no, y sin embargo, allí estaba. Aquella mujer desconocida era mi propia y absolutamente francesa Gigi hecha realidad.

Aquel mismo día, Audrey se reunió con Colette y su marido en la *suite* del hotel. Le habían comunicado que debían hablar con ella urgentemente. El productor de *Gigi* y los propietarios del teatro en Broadway estaban empezando a perder la esperanza de encontrar a la protagonista, pues ninguna acababa de convencerles. Cuando Audrey entró en la distinguida *suite* del hotel, Colette la estaba esperando; tenía la mirada tranquila del que ha encontrado lo que lleva mucho tiempo buscando. Le habló de su novela, de Gigi, de la adaptación teatral, de todas las audiciones infructuosas. Su esposo Maurice, a su lado, aportaba algún que otro asentimiento. Audrey no entendía adónde quería llegar hasta que Colette se lo preguntó sin mayores rodeos: ¿querría ella interpretar a Gigi en Broadway? La sorpresa de Audrey fue mayúscula. No se lo podía creer. Esperaba la propuesta de un papel secundario o alguna oferta por el estilo, pero nada como aquello. ¿De verdad le estaba pidiendo que encabezara el cartel de una gran producción en Broadway? ¿A ella, que ni siquiera se había formado como actriz?

—Lo siento, *madame*, pero es imposible. No podría hacerlo, no sé actuar —contestó Audrey.

Pero Colette ya había tomado su decisión, y así se lo hizo saber: si sabía bailar sobre un escenario, también podía actuar. Audrey encarnaba todas las cualidades de Gigi.

Tras una mágica velada, cuando llegó el momento de marcharse, Colette le dijo a Audrey que esperara un momento, pues quería entregarle algo. La escritora se acercó a la chica y le entregó una foto autografiada. En ella aparecía una Colette pensativa, con una pluma y unas gafas en la mano derecha, con su inconfundible cabellera, frente a una hoja en blanco. Le había dedicado la imagen: «Para Audrey Hepburn, el tesoro que encontré en la playa».

Al día siguiente, la escritora envió un telegrama a Anita Loos (la autora encargada de la adaptación teatral en Nueva York): «No escojas a la protagonista hasta recibir noticias mías».

A principios de julio, Audrey cogió un tren a Londres. Por fin iba a ver a James, que la esperaba impaciente en la estación Victoria. ¡Tenía tantas cosas que contarle...! Desde un principio la había contrariado la idea de estar tanto tiempo alejada de él para rodar en Montecarlo. Las llamadas telefónicas a veces producían el efecto contrario al que buscaba, y no podía evitar que le dejaran un poso de tristeza y añoranza. Le habría gustado tenerlo a su lado no solo para apaciguar los nervios del rodaje, sino para compartir con él la reunión que había tenido en la *suite* de Colette. ¿Le haría a él tanta ilusión como a ella la noticia? ¿Supondría un inconveniente tener que trasladarse a Nueva York? Ya habría tiempo para pensar en ello. Por lo pronto, su corazón solo podía pensar en que iban a pasar el fin de semana al campo y disfrutarían juntos de cada minuto, y a solas. Audrey aprovecharía para preparar mentalmente la reunión que tenía la semana siguiente con Anita Loos y Gilbert Miller, la guionista y el productor de *Gigi*, respectivamente. Lo que no esperaba Audrey cuando bajó de aquel tren fue que James le propusiera matrimonio. Y si algo le había enseñado la vida en los últimos tiempos era a no dudar. Aceptó. Dijo «sí, sí, sí» con lágrimas en los ojos.

La entrevista decisiva sobre el futuro de *Gigi* se realizó en el hotel Savoy con Loos y Miller, que viajaron expresamente para conocer a esa joven prodigiosa que parecía haber nublado la razón de *madame* Colette. Les había dicho que era la actriz perfecta, que tenía la chispa que le hacía falta al papel. Audrey llegó vestida con una camisa blanca de hombre anudada a la cintura, una falda negra y zapatos bajos. «Tiene estilo —pensó Loos—, una elegancia innata.» La joven leyó algunos pasajes de la obra. Estaba nerviosa. En su cabeza, no podía dejar de pensar en una cosa que le parecía obvia: ella no era actriz. Y la prueba no fue del todo bien, pero Loos llevaba suficiente tiempo en Broadway como para reconocer la magia cuando la tenía delante. Sí, ahí estaba: era ese algo indescriptible del que hablaba Colette. Era Gigi. A estas alturas, después de tantas audiciones infructuosas, le parecía increíble tenerla por fin allí delante. A Miller, en cambio, no lo impresionó, aunque finalmente no puso objeciones a que Audrey protagonizara la obra. Tras recibir la noticia, Audrey tuvo multitud de sentimientos encontrados. Seguía sintiéndose insegura. Le temblaban las piernas solo de pensarlo, aunque si así lo habían dispuesto, no sería ella quien les hiciera cambiar de opinión. Al final, desde su llegada a Londres, no había hecho más que seguir el flujo de los acontecimientos, que parecían ir más y más deprisa a su alrededor. Sin embargo, aunque los pasos dados parecían guiarla hacia una gran carrera artística, Audrey no lograba identificarse con esa estrella fulgurante en la que todos decían que iba a convertirse. En su interior seguía siendo una niña asustada. Se sentía una impostora. Pero, pese a estas dudas que la asaltaban, Audrey vivió aquella etapa con absoluta euforia. Estaba alcanzando el sueño de cualquier actriz, y lo había logrado con tan solo veintidós años. Ella van Heemstra escuchó satisfecha la buena noticia. A estas alturas de su vida, su personalidad no iba a cambiar. Felicitó a su hija, por supuesto, pero se guardó para sí la emoción, el orgullo, el alivio de saber que su hija iba a triunfar. Si después de todo lo que habían vivido Audrey había llegado hasta aquí, ¿adónde más podía llegar? ¿Cuál era su límite? Sintió que nada malo podía pasarle. ¿Qué debía hacer una madre una vez que desaparecían todos sus miedos? Ni siquiera debía preocuparse por su yerno, pues James gozaba de su más absoluta aprobación.

Precisamente él fue el único que no mostró entusiasmo ante la marcha de Audrey a Nueva York. Aquello duraría meses. Pero lo tranquilizó saber que en menos de un año estarían casados. En septiembre hicieron público su compromiso: la boda se celebraría en junio, cuando acabaran las funciones de *Gigi*.

Audrey firmó el contrato para la obra de Broadway: nada menos que quinientos dólares a la semana. Le costaba creerlo.

Embarcaría hacia Nueva York a finales de octubre, pero no iba a esperar hasta entonces para empezar a ensayar. En los meses previos pasó noches enteras sin dormir, caminando arriba y abajo en su habitación, leyendo el libreto, repitiendo sus frases. No sabía qué se esperaba de ella, no podía arriesgarse.

Como si supiera que Audrey estaba a solo unos días de dejar Londres, Robert Lennard la llamó por teléfono una mañana de septiembre. Le dijo que Richard Mealand, director de reparto de las oficinas de la Paramount en Londres, había visto una foto de Audrey en una revista y quería hacerle una prueba para protagonizar una película que se rodaría en Roma el verano siguiente. Además de que el personaje que debería encarnar Audrey era una princesa europea, lo cierto era que Mealand (y tal vez buena parte de los productores de Hollywood) comenzaban a mirar con atención a aquella jovencita que había cautivado a todos sin poseer casi ninguno de los atributos físicos que caracterizaban a las divas de aquellos años. Audrey tenía pelo corto, era muy delgada, llevaba zapatos planos y pantalones... ¿Estaban ante una moda pasajera? ¿O era un cambio mucho más duradero?

Con las frases de Gigi en la cabeza, Audrey memorizó las escenas para la audición y se presentó el 18 de septiembre en los estudios Pinewood, donde la esperaba Thorold Dickinson. El director de *Secret People* era el encargado de grabar la prueba, se lo había pedido personalmente William Wyler, un afamado director del que Audrey no sabía casi nada.

Ataviada con un largo camisón blanco que le llegaba hasta los pies, Audrey se metió en la piel de la princesa Anna en una escena en la que se acostaba con la ayuda de su dama de compañía. Tenía que mostrar el hastío que le provocaba su condición regia y la rigidez de su día a día. Al fin y al cabo era una princesa que no quería serlo. Durante la audición, un ayudante de Dickinson le hizo la réplica detrás de la cámara. La prueba finalizó y Audrey se sentó en la cama con los brazos rodeando sus rodillas. «¿Qué tal lo he hecho?» Sentía una genuina curiosidad. Enseguida fue a cambiarse de ropa y se quedó allí mismo, charlando amistosamente con el director de la prueba y su equipo. Pero Audrey no sabía que la cámara no había dejado de grabar en ningún momento. Wyler había pedido a Dickinson que siguiera rodando sin que ella lo supiera una vez finalizada la prueba. Quería ver cómo era cuando no estaba esforzándose en actuar. La cámara captó la naturalidad, la frescura y la despreocupación de una joven de maneras elegantes y origen aristocrático, una Audrey relajada que era la viva imagen de la princesa Anna. Mucho tiempo después, comentó divertida:

> Volví y me senté a hablar con él. Me hizo un montón de preguntas sobre mí, sobre mi trabajo e incluso sobre mi pasado en Holanda, durante la guerra. Y al final fue gracias a eso como conseguí superar la prueba.

Firmó el contrato con la Paramount unas semanas después, en la mesa del salón del apartamento que aún compartía con su madre. Le ofrecían un sueldo de doce mil quinientos dólares y la opción de rodar una segunda película. Audrey, sin experiencia como actriz, había firmado en muy poco tiempo dos contratos para dos papeles protagonistas en grandes producciones en Broadway y Hollywood. Iba a ser Gigi en el teatro y la princesa Anna en el cine. Con la inocencia de su juventud, le escribió una nota a Richard Mealand: «Que el cielo me ayude a estar a la altura de todo esto». Para todas las personas que la conocían y la habían elegido, estos arrebatos de inseguridad en alguien con el magnetismo de Audrey eran enternecedores y contribuían a fijar esta imagen de ingenuidad que resultaba tan novedosa en el *star system* de Hollywood.

A finales de octubre, Audrey se embarcó sola rumbo a Nueva York. Su madre trabajaba como interiorista por entonces y no podía acompañarla, y James tenía negocios que atender, aunque no tardaría en reunirse con ella. Tal vez fuera lo mejor: la actuación era su aventura personal. Pero la travesía en barco fue larga y tediosa. Al final, había acumulado tanta emoción, tantos nervios, tanto vértigo encerrada allí, en esa sala de espera bamboleante, que casi explotó de júbilo cuando vio aparecer en el horizonte el perfil dorado de Manhattan. El propio Gilbert la estaba esperando en uno de los muelles del río Hudson, en el West Side.

Las lecturas de guion y los ensayos empezaron enseguida. Audrey se sentía muy insegura aquellos primeros días: estaba lejos de casa, sola, y sentía por primera vez la enorme presión de ser la protagonista. Cada vez que ensayaban tenía la sensación de llevar el éxito en una mano y el fracaso en la otra. Encontró un apoyo inesperado en Cathleen Nesbitt, una veterana actriz de sesenta y tres años que en la obra hacía el papel de tía de Gigi. Cuando los ensayos no iban bien, Nesbitt no dejaba que el traspié minara el ánimo de su joven colega. Por las noches, se quedaba con ella a repasar el guion y le daba consejos y trucos para modular el uso de la voz. Fue un curso acelerado de interpretación en la sombra. Muchas veces Audrey pensaba en la suerte que había tenido de que aquella mujer estuviera a su lado.

Audrey se daba cuenta de su falta de experiencia. ¿Se habría precipitado aceptando el papel? Los actores con los que compartía cartel tenían una dilatada carrera en el mundo del teatro y ella, sin embargo, solo había rodado una película como protagonista. Además, empezaba a comprender que el mundo del celuloide era diferente: la cámara captaba fácilmente su naturalidad, esos pequeños gestos introspectivos que daban profundidad a su personaje. En cambio en el teatro debía aprender a proyectar no solo la voz, sino también el mundo interior de Gigi al completo. ¿Cómo podía conmover a todos y cada uno de los espectadores con su interpretación?

El 8 de noviembre, el público conoció a Gigi. No fue en Nueva York sino en Filadelfia, en el Walnut Street Theatre, que se usaba normalmente como teatro de pruebas para las producciones de Broadway. Lo cierto es que la obra no causó furor. Esa misma noche, unas horas después, todo el elenco pasó de mano en mano los periódicos recién impresos. Audrey lo leyó con sus propios ojos: un crítico se refería a ella como «el descubrimiento del año en el mundo de la interpretación». Otro destacaba una «actuación maravillosamente vigorosa que la instaura como una actriz de primera fila». Nada en el mundo conseguiría hacerla dormir esa noche.

El estreno en Broadway fue el 24 de noviembre en el Fulton Theatre. Para entonces, James y Ella se encontraban en Nueva York, entre las 1 164 personas que asistieron a la primera función. No había quedado un asiento sin vender.

¿Pensó Audrey en su primera función de danza en la Ridgen's School, cuando solo tenía diez años? En el momento en el que se apagaron las luces del patio de butacas, ¿fue ese silencio parecido al de las funciones clandestinas en Arnhem? Dio el primer paso hacia el escenario, la tarima crujió levemente. Y todo desapareció. El público, los críticos, James, los ensayos, los directores, su madre, Loos y Miller y Colette... Y comprendió que ella era Gigi, la encantadora adolescente parisina a la que su madre, su abuela y su tía educan para que siga sus privilegiados pasos, aunque a ella le parece una idea terrible. Audrey no interpretó a Gigi: Audrey actuó por intuición, la sintió, vibró en su alma y en sus palabras. Transmitió una verdad que encandiló a todos.

Esta vez hubo que esperar todo el fin de semana para leer las críticas. El equipo estaba ansioso, y Audrey, aterrorizada, pero estaba empezando a acostumbrarse a ese miedo exquisito. El lunes, a primera hora, el *Herald Tribune* criticó muchos aspectos de la obra, pero para Audrey solo hubo elogios:

> Una joven actriz con gran encanto, capaz de ponerlo todo en foco. En lugar de cambiar de estilo con sus colegas, se las arregla para envolverlas a todas en un patrón propio muy simple, coherente y delicioso, y esto es un gran logro para una artista en ciernes.

La semana siguiente, cuando Audrey llegó al teatro, el gran rótulo de luces había cambiado: un contundente «Audrey

Hepburn en *Gigi*» la sorprendió y la abrumó a un tiempo. Gilbert, que se encargaba de la maquinaria publicitaria de *Gigi*, había ordenado cambiar la marquesina del teatro y dejar solo el nombre de Audrey. Sintió que Broadway la recibía con los máximos honores y la emoción la embargó: no era primera bailarina, pero ¡se había consagrado como primera actriz en la meca del espectáculo!

Durante los meses siguientes, el Fulton Theatre colgó el cartel de entradas agotadas en cada función. Nadie en Nueva York quería perderse la famosa adaptación de la novela de Colette, aunque, en realidad, el verdadero motivo era conocer a esa joven actriz europea que estaba encandilando a la crítica. Fueron doscientas diecisiete funciones en seis meses. Cada día, cuando llegaba al teatro, Audrey sufría un pequeño sobresalto al ver su propia imagen amplificada entre la constelación de luces de Times Square. La historia de su éxito era tan emocionante como cualquiera de las que se representaban en todos esos teatros. Y para ella seguía siendo un misterio. Por suerte, podía continuar contando con la dulce Cathleen cuando el peso la agobiaba. Y para entonces ya tenía a James en la ciudad. Había traído desde Londres un anillo de compromiso. Hacia principios de 1952, su rostro estaba en las portadas de las revistas más importantes de Estados Unidos, como *Life* y *Look*, donde dedicaban elogiosos reportajes a su carrera. Y aunque de momento fuera de manera casi imperceptible, su imagen, su elegancia y su delicadeza se iban filtrando en el gusto americano. Cada vez más mujeres comenzaron a llevar su corte de pelo o a secundar su estilo.

La última función de *Gigi* tuvo lugar el 31 de mayo y el rodaje de su debut en Hollywood estaba programado para principios de junio. Aprovechó los pocos días libres que tuvo en medio para volar a París y disfrutar de unas pequeñas vacaciones con su prometido. La boda con James, que estaba prevista para entonces, tuvo que posponerse de nuevo. Se casarían en septiembre, cuando hubiera acabado el rodaje de *Vacaciones en Roma*. Pero esta vez... esta vez la negociación de la fecha le dejó una pequeña herida que no conseguía cerrar. Quería casarse con James, por supuesto, y valoraba su paciencia y su comprensión, pero empezaba a sentir que todo en su vida era demasiado precipitado.

En Roma, hacia donde voló el 12 de junio, la esperaba Gregory Peck. La superestrella de Hollywood era el coprotagonista de la película, el reportero estadounidense con el que la princesa Anna viviría una inolvidable historia de amor. El otro gran nombre con el que trabajaría era el de William Wyler, el director: un perfeccionista inclemente que era capaz de hacer entre cuarenta y sesenta tomas de cada escena. Nada de esto la amedrentó. La habían contratado por su frescura y su naturalidad, y así es como Audrey vivió el rodaje: como una joven princesa que está de vacaciones en la Ciudad Eterna y quiere pasar desapercibida. Una ciudad, por cierto, abrasada por un calor inusual, lo cual no congeniaba bien con el maquillaje y el vestuario. Pero si el trabajo fue duro, la buena relación entre los miembros del equipo hizo que no se notara. Audrey congenió en el acto con Gregory Peck, al punto de que Wyler se animó a utilizar algunas escenas casi improvisadas para capturar en el celuloide esa buena química, esa conexión, ese diálogo entre dos bellos monstruos de la interpretación.

Y cuando necesitaba volver a la realidad, allí estaba James, que viajaba a Roma para verla todos los fines de semana y a veces también entre semana. Eran momentos robados al tiempo y a la fantasía del cine: ella podía volver a ser ella misma en la intimidad de la *suite* del hotel Hassler, de la que casi no salían: el aire acondicionado les permitía olvidar el infernal verano, y los planes para la boda los protegían de los nervios, las exigencias y la rutina del rodaje. Allí dentro, todo era ilusión. El 26 de agosto, *The New York Times* publicó: «Audrey Hepburn se casa el 30 de septiembre». Pero por esos días le comunicaron que la gira de *Gigi* se reiniciaba el 13 de octubre y no finalizaría hasta mayo de 1953. Otra vez la tiranía del calendario. Audrey se sentía abrumada, pero, al mismo tiempo, intrigada por descubrir qué se escondía detrás de cada oportunidad. ¿Hasta dónde podía llegar? Decidió que lo mejor era posponer la boda por tercera vez.

Ahora ya se hizo evidente que la carrera de Audrey estaba afectando a su relación con James. Y empezó a conocer la cara amarga del éxito: el hecho de que su vida ya no le pertenecía. Asimismo, Audrey tuvo que soportar los falsos rumores de su aventura con Gregory Peck y los que hablaban de escapadas de James con otras mujeres. Su preciada intimidad se veía expuesta a los ojos de los demás. Y ni siquiera el recuerdo de lo sólido que era su amor hacía tan solo unos meses consiguió salvarlos. Cuando llegó el final, Audrey no quiso hablar de ello con nadie.

En 1953 mientras rodaba Vacaciones en Roma *junto a Gregory Peck (arriba a la izquierda), Audrey estaba comprometida con James Hanson (arriba a la derecha), el magnate británico y primer gran amor de su vida. Abajo, Audrey con la carismática escritora francesa Colette, que la lanzó a la fama tras verla rodando en Montecarlo.*

Por suerte, el rodaje de *Vacaciones en Roma* llegaba a su fin, y Audrey podría descansar. Había vivido una experiencia maravillosa, había conocido a gente increíble y ella solo podía estar agradecida por esa vorágine en la que se encontraba. Gregory Peck, sobre el rodaje con Audrey, explicó:

> Tuve la buena suerte durante aquel maravilloso verano en Roma de ser el primero de sus compañeros cinematográficos, de tenderle la mano y de ayudarla a mantener el equilibrio mientras efectuaba sus giros y piruetas. Aquellos meses fueron probablemente la experiencia más feliz que jamás tuve haciendo películas.

Audrey pasó los meses siguientes encarnando a Gigi en la nueva gira estadounidense, mientras *Vacaciones en Roma* terminaba de adoptar su forma definitiva en las salas de posproducción. A su vuelta, en julio de 1953, Gregory celebraba una cena en honor del estreno londinense de la película en su casa de Grosvenor Square. Y allí, presentada por el anfitrión, conoció la sonrisa inabarcable y gentil, y esa mirada entre bonachona y noble, una mirada fiable, de uno de los grandes amigos que Gregory Peck tenía en Hollywood: el actor Mel Ferrer. Mel era doce años mayor que Audrey, de acuerdo, pero parecía que se había pasado esos doce años perfeccionando su encanto. Se les terminó antes la noche que la conversación, de modo que volvieron a verse en los días siguientes mientras recorrían Londres.

Vacaciones en Roma se estrenó en Estados Unidos en agosto de 1953 y, a principios de septiembre, Audrey aparecía en la portada de la revista *Time*: «Audrey Hepburn no se ajusta a ninguno de los clichés y ninguno de los clichés se ajusta a ella», proclamaba. Había que reconocer el mérito de aquella frase: captaba a la perfección la esencia de Audrey. Al final, hasta ella misma empezaba a entender en qué consistía su magia. Las puertas de Hollywood se le abrían de par en par.

3

UNA ESTRELLA CON ÁNGEL

No solo no hubo jamás un momento en el que pensara:
«Oh, voy a ser una estrella», sino que, lo prometo,
incluso ahora no siento que me haya convertido en todo eso.

AUDREY HEPBURN

En la imagen de la página anterior, una emocionada Audrey rodeada de periodistas tras la obtención del máximo galardón de la Academia de Cine norteamericana, el Óscar a la mejor actriz por su papel protagonista en Vacaciones en Roma. *Con solo veinticuatro años había llegado a lo más alto y la emoción la desbordaba.*

El 25 de marzo de 1954, en cuanto el telón hubo tocado el suelo del escenario, Audrey salió disparada hacia el camerino. Los aplausos aún se desvanecían mientras se quitaba la malla transparente de ninfa acuática y la peluca rubia y se cambiaba de ropa a toda prisa: vestido, zapatos, abrigo cogido al vuelo y en un minuto ya estaba a bordo del coche que la esperaba en la puerta trasera del 46th Street Theatre de Broadway, en Nueva York. La policía la escoltó las pocas calles que tenía que recorrer hasta la Séptima Avenida tocando casi con Central Park. Las luces que anunciaban *Ondine* se alejaban por la ventanilla trasera y Audrey se inclinaba inconscientemente hacia delante. Su cuerpo estaba en aquel coche, pero sentía que su espíritu ya estaba llegando al NBC New Century Theatre. Casi no quedaban admiradores y curiosos en la puerta de entrada. En el rótulo iluminado podía leerse: «26.ª edición de los Premios de la Academia». Los Óscar. Aquel fue uno de los pocos años en los que la entrega de los premios del cine se dividió entre Los Ángeles y Nueva York, y era solo la segunda vez que la ceremonia se emitía por televisión. Audrey, una novata de solo veinticuatro años, estaba nominada a mejor actriz principal por *Vacaciones en Roma* en un año especialmente difícil: la película *De aquí a la eternidad* partía como favorita con trece nominaciones, incluyendo la de Deborah Kerr en la misma categoría que Audrey.

Cuando llegó al teatro, apenas tuvo tiempo de quitarse el maquillaje de *Ondine*, pero sí pudo cambiarse de ropa entre bambalinas, donde se deslizó dentro de un vestido blanco con flores bordadas diseñado por Givenchy, a quien había conocido el año anterior. Una mano le ofreció un espejo y otra, su bolso, donde guardaba el pintalabios que había escogido expresamente para esa noche. Mientras se arreglaba, oía la locución de la ceremonia, la música de la banda, el estallido de los aplausos. ¡Dios, es que no llegaría a tiempo! Y finalmente, cuando se sentó en la butaca que tenía reservada, donde la esperaba Mel, temblaba como un flan. Creyó que estaría preparada para ese momento. Creyó que sería más fácil que salir al escenario como Ondine o pararse ante una cámara. Pero no: estaba tan nerviosa que le costaba respirar. Menos de diez minutos después, el bailarín Donald O'Connor, que oficiaba de presentador, dio paso a un vídeo grabado en el que Gary Cooper, desde un set de filmación en México, anunciaba a las cinco nominadas a mejor actriz y terminaba preguntándose cuál de todas ellas sería la ganadora. Acto seguido, O'Connor abrió el sobre y dijo el nombre. Su nombre. Audrey tardó en reaccionar. Comenzaron los aplausos, las miradas la encontraban y ella siguió sentada en su butaca, solo un segundo o dos, antes de levantarse e ir de allí a la eternidad.

Nunca fue una ninfa mejor que en ese momento, con su cabello acuático todavía engominado y el vestido blanco de flores como un rastro de espuma. Subió al escenario abrumada, confundió un momento el camino y luego llegó a su estatuilla y al micrófono. Se limitó a decir lo que llevaba sintiendo desde hacía tanto tiempo: «Esto es demasiado. Quiero dar las gracias a todos aquellos que en los últimos meses y años me han ayudado, guiado y dado tanto». Y con la voz a punto de quebrarse por la emoción, consiguió añadir: «Estoy verdadera, verdaderamente agradecida. Y terriblemente feliz».

Mel Ferrer era su pareja desde hacía unos meses. Desde que lo había conocido en casa de Gregory Peck no habían dejado de verse, y ahora se habían trasladado juntos a Nueva York y alquilado un apartamento en Greenwich Village. Compartirían algo más que el techo, pues ambos estaban allí para protagonizar *Ondine*, una nueva obra en Broadway. Era la primera vez que trabajaban juntos y, tras un intenso romance que había mantenido con el actor William Holden durante el rodaje de una nueva película, *Sabrina*, Audrey veía en Mel todas las cualidades que debería reunir su futuro marido. La más importante de todas: la posibilidad de tener hijos.

El rodaje de *Sabrina* el año anterior había sido intenso en todos los sentidos. Había rodado con Humphrey Bogart y William Holden, que en la ficción interpretaban a dos hermanos enamorados de la misma mujer —Audrey—, bajo las órdenes del famosísimo director Billy Wilder. Pero tras la maravillosa experiencia de *Vacaciones en Roma*, aquellos meses fueron emocionalmente agotadores. Por suerte contó con el apoyo de Wilder y Holden, amigo y amante, respectivamente.

El principal problema había sido la elección de Humphrey Bogart para el papel del mayor de los dos hermanos. Fuera de cámara, el mal humor de Bogart, que veía en Audrey y en Holden a dos estrellas en ascenso que le señalaban su declive, había provocado mucha tensión y varias escenas incómodas, incluyendo una pelea a puñetazos con Holden. Audrey los observaba sin intervenir, en parte porque pensaba que quizá aquello no fuera tan inusual. «Siempre hay tensiones en un rodaje», decía. Y también porque casi desde el primer día había iniciado un romance secreto con William Holden. Había muchas razones para mantener la relación en la sombra, principalmente, el hecho de que Holden estaba casado y tenía hijos. Pero a Audrey aquel hombre le resultaba fascinante. Se veían en los camerinos y en el apartamento de ella casi todas las noches. Además del innegable atractivo físico, William, que era once años mayor, tenía un gran sentido del humor. Se divertían juntos como ella nunca lo había hecho con nadie.

Cuando Wilder daba la voz de acción, Audrey y William se besaban de verdad; en las escenas de amor se limitaban a ser ellos mismos y sin duda era la mejor manera de resultar veraces. Él le decía muchas cosas con solo mirarla. ¿Había verdadero amor en aquellos ojos? La química era innegable. Y en pocos días, Holden eclipsó por completo a Mel Ferrer, con quien, de momento, Audrey solo tenía una buena amistad. Cuando William Holden le prometió que se divorciaría de su mujer, la actriz Brenda Marshall, para casarse con ella, la convenció de que aquello iba en serio. Audrey se ilusionó y en un arrebato le dijo que quería dos, tres, cuatro hijos, que quería retirarse para dedicarse a su familia. Tras oír aquello,

La noche de los Óscar, antes y después. Audrey llegó tarde a la ceremonia y apenas tuvo tiempo de quitarse el vestuario de Ondine *y maquillarse entre bambalinas. Diez minutos más tarde, la anunciaban como la ganadora a mejor actriz de la edición de 1954 por su papel en* Vacaciones en Roma.

a él se le apagó la mirada. Esperó algunas semanas hasta que hubieron rodado las últimas escenas de amor para decirle lo último que ella quería oír: «Ya no puedo tener hijos». Él había tenido tres con Brenda, pero se había hecho una vasectomía años atrás. Aquello fue un jarro de agua fría para Audrey. Aunque estaba muy enamorada de William y le costó mucho decírselo, Audrey decidió poner fin a la relación. Lo tenía claro, nunca podrían ser plenamente felices si no podían formar una familia. Fue una sucesión de finales amargos: el fin del accidentado rodaje de *Sabrina*, el fin de la irritante compañía de Bogart y el fin de su historia de amor con William Holden.

Pero aquello hacía un tiempo que había pasado. Y ahora tenía a Mel a su lado, un hombre en el que podía confiar, alguien que la consolaba y que era su refugio cada vez que sentía que la voluptuosidad de Hollywood se abalanzaba sobre ella. Si algo había aprendido de su breve relación con Holden era que, en el mundo del cine, los hombres y las mujeres no eran iguales. A ellos se les permitían los excesos, las infidelidades, las traiciones. Podían llegar hechos unos espantapájaros al plató después de haber estado bebiendo toda la noche. Dos estrellas podían liarse a puñetazos por mera y absurda rivalidad, el león joven cuestionando el trono del león viejo. El espectáculo era un mundo regido por hombres, aunque fuesen las mujeres las que más brillaran. Por suerte, Mel era diferente. La había esperado y había ido a buscarla con la historia de *Ondine* bajo el brazo.

Y aunque aquel montaje colosal había devuelto a Audrey a Broadway, también había hecho que volvieran las primeras angustias de *Gigi*, que en realidad nunca habían desaparecido del todo. Siempre se sentía insegura al ver la grandeza del teatro, de los decorados, los carteles que anunciaban su nombre. ¿Se acostumbraría algún día a todo eso? Tampoco acababa de habituarse a las pomposas palabras de los críticos. Cuando leía algo bonito sobre su trabajo, escuchaba la voz de su madre en su interior, diciéndole: «Los demás son más importantes que uno mismo, así que no te preocupes, querida; y aprende a vivir con ello». La impronta de la baronesa seguía intacta en ella. Tras una de las primeras funciones de *Ondine*, Audrey leyó en el *New Yorker*:

> El don de la señorita Hepburn es de tal naturaleza que todo cuanto dice y hace posee un encanto irresistible. La broma más insignificante adquiere una dimensión adicional y se convierte en hilarante; los asuntos más triviales parecen así momentos de brillante inspiración interpretativa.

Pero, por más que escribieran aquellas cosas sobre ella, Audrey no acababa de verlo. Sí lo vio el diseñador Hubert de Givenchy, desde el principio. En cuanto supo que era la elegida para el papel de *Sabrina*, Audrey había partido hacia París para escoger ella misma el vestuario de su personaje. También en eso era diferente del resto de las actrices de Hollywood, y los estudios lo comprendieron rápidamente: Audrey tenía tal instinto para la moda que lo mejor sin lugar a dudas era marcarle algunas directrices generales (a cargo de la célebre Edith Head, en este caso) y dejar que fuera ella quien diera las pinceladas finales al personaje. Fue así como llegó a la rue Alfred de Vigny, en París, donde se encontraba el estudio de Hubert de Givenchy, a quien no conocía pero que empezaba a tener cierta notoriedad entre las estrellas de cine.

Organizado, metódico y puntilloso, Givenchy estaba preparando su nueva colección cuando le anunciaron que la señorita Hepburn quería verlo. Y él pensó que se trataba de Katharine, ya entonces una estrella mayor del firmamento hollywoodiense. No pudo ocultar su decepción cuando se encontró ante Audrey, que, además, se había plantado allí con un estilo informal, con aires de turista extraviada. Llevaba unos pantalones muy sencillos, una camiseta corta y un sombrero de paja. Le pareció «un frágil animalillo. Tenía unos ojos muy hermosos y era muy delgada… Además, ¡no llevaba nada de maquillaje!», recordó el modisto años después. En comparación con otras actrices que habían conseguido encarnar a mujeres poderosas, Audrey hacía gala de una informalidad avasallante. De ahí provenía su brillo: era pura personalidad. No necesitaba nada más. Lo cual era un exquisito desafío para un diseñador de ropa. Visitar aquel estudio fue una de las decisiones cruciales en la vida de Audrey Hepburn. Ella y Hubert de Givenchy mantuvieron una amistad sincera y afectuosa a lo largo de toda la vida. Él fue responsable de materializar la elegancia y el buen gusto de Audrey, y fueron sus tijeras y sus agujas las que la convirtieron en un icono de la moda. Aquel primer día, sin embargo, Audrey aún no era bastante Audrey para él, de modo que la dejó mirando los modelos que tenía por allí y la abandonó a su suerte. Ella regresó con el traje chaqueta gris que preveía ideal para la escena de su llegada a la estación y el vestido blanco con bordado de flores que usaría en la fiesta… y con eso se lo ganó. Al final, casi todo el vestuario de *Sabrina* fue obra de Givenchy, aunque luego el Óscar a mejor vestuario, el único que obtuvo la película, fue para Edith Head.

También repararon en su talento los aproximadamente setecientos jueces de la industria de la prensa y el entretenimiento, que solo tres días después de obtener el Óscar le otorgaron el premio Tony a la mejor interpretación femenina en una obra de Broadway por su papel en *Ondine*. Estaba, sin lugar a dudas, en el momento cumbre de una trayectoria fulgurante. Pero Audrey sentía una opresión en el pecho. Estaba empezando a sentirse desbordada. Era como si le faltara el aire. A veces le temblaban las manos, apenas tenía apetito y evitaba cada vez más los eventos sociales. Se ponía muy nerviosa. Le decían que era fabulosa, que tenía un estilo único, que su belleza era especial, y ella lo único que quería era irse a casa. Las ofertas se amontonaban en la mesa de su agente, la prensa hablaba de ella y Mel quería casarse, pero ella aún no estaba convencida del todo. Lo quería, sí, pero no sabía si podría dar al matrimonio la dedicación que debería darle. Aún estaba aprendiendo de sí misma, no sabía si era el mejor momento para atarse a nada ni a nadie. Y, para calmarse, fumaba mucho. Los dos paquetes diarios pasaron a ser tres.

La fiesta de despedida de *Ondine*, que se celebró el 3 de julio, se le hizo tan cuesta arriba que fue el último acto público al que asistió en meses. No podía más. Necesitaba volver a Europa y descansar. Se sentía exhausta y permanentemente observada. Su cuerpo estaba allí, pero su mente no. Veía a sus compañeros reír y divertirse, se acercaban a hablar con ella y la animaban a unirse a los corrillos, pero en cuanto podía, ella se retiraba a un rincón apartado para fumar. Tenía la sensación de que el tiempo pasaba demasiado despacio esa noche. Aguantó todo lo que pudo, cigarrillo tras cigarrillo, y se marchó.

Diez días después estaba volando junto a Mel y su madre rumbo al complejo alpino de St. Moritz, en Suiza. Confiaba en que las montañas le sentarían bien. Después de la estancia allí, se instalarían en un pequeño pueblo a orillas del río Lucerna, Bürgenstock. Aire, silencio, agua y amor. Era lo único que necesitaba para apagar todo el ruido. Solo pensar en la campaña promocional de *Sabrina*, que iba a tener lugar en Hollywood en septiembre, le generaba ansiedad, así que finalmente decidió ausentarse.

En aquel tranquilo retiro Audrey solo quería dormir. Le costó recuperar el apetito, había empezado a morderse las uñas, y su madre, su responsable y fría madre, le cuestionaba: «¿A santo de qué tienes que estar deprimida después de haber sobrevivido a una guerra?». La teoría era muy fácil, pensaba Audrey, pero la realidad era que apenas tenía fuerzas para levantarse de la cama y pasear. Y hablar con Mel, también la calmaba hablar con Mel. Aquellos meses en Suiza le sirvieron a Audrey para aclarar su mente y a Mel para preguntarle, sosegadamente, si quería casarse con él. En aquellas horas tranquilas, lejos del estrés de Hollywood, Audrey lo tuvo claro. Le dijo que sí, que se casarían, que serían marido y mujer, y que no hacía falta esperar mucho tiempo.

Así que el 25 de septiembre de 1954, en el pequeño pueblo de Bürgenstock, Audrey se vistió de blanco y abandonó su soltería, era el primer paso para alcanzar su sueño más ansiado: ser madre. Llevaba una sencilla corona de flores blancas sobre

Audrey Hepburn y Mel Ferrer celebraron una boda íntima en Suiza el 25 de septiembre de 1954 (arriba). Al año siguiente, protagonizaron juntos Guerra y paz, *una de las mayores superproducciones de la década (abajo). Audrey deseaba tener hijos con él, pero conseguir su sueño no fue fácil.*

su pelo corto, guantes y, cómo no, un vestido diseñado por su amigo Givenchy. Se dirigió al altar acompañada por sir Nevile Bland, embajador holandés y amigo de su madre. Audrey caminaba pausada, miraba alrededor, sonreía. Una pequeña capilla del siglo XIII acogió el enlace. El lugar era mágico. Y los asistentes, escasos, pero muy cercanos. Apenas una veintena de amigos y familiares, entre ellos dos hijos de una relación anterior de Mel, se reunieron para celebrar la unión religiosa de la pareja.

Solo unos días más tarde, tras una corta luna de miel, Audrey volvía a leer guiones, cuidaba el jardín y cocinaba en Anzio, un pueblo cerca de Roma donde se instalaron mientras Mel atendía compromisos profesionales en Italia. Aquella era la vida que necesitaba.

El final del rodaje italiano de Mel llegó junto con el nuevo año y la pareja decidió regresar a Suiza y alquilar Villa Bethania, una casa de campo cerca de la población en la que se habían casado. Desde que se instalaron allí organizaron regularmente tranquilas reuniones y encuentros con amigos y compañeros del mundo del cine. Audrey se encontraba mejor; al menos, ya no se pasaba días enteros en cama. Aquel lugar le aportaba mucha paz. Ya empezaba a sentirse preparada para volver a las relaciones sociales. Sin mucho ajetreo, pensaba, pero debía cumplir con sus compromisos y regresar.

Durante aquellos días de 1955 recibieron en la villa la visita de King Vidor. Este director de cine estadounidense estaba preparando una adaptación de la colosal novela de León Tolstoi, *Guerra y Paz*, y quería reunirse con ellos porque había pensado que Mel podía encajar en el papel del príncipe Andréi y Audrey, en el de Natasha. Los reparos que Audrey pudiera tener de volver a trabajar se disiparon enseguida al darse cuenta de que era una nueva posibilidad de trabajar junto a Mel. No les apetecía separarse durante mucho tiempo.

Hacía varios días que se notaba extraña. Sentía el estómago revuelto por las mañanas. Se despertaba en mitad de la noche pero, a pesar del malestar matutino, se encontraba especialmente radiante. Es cierto que Mel y ella llevaban varios meses buscando el embarazo, pero no estaba siendo fácil. Sin embargo, aquella mañana lo supo. ¿La vida le estaba haciendo al fin el regalo que tanto llevaba esperando? El médico se lo confirmó unos días más tarde: estaba embarazada. La niebla que desde hacía meses enturbiaba su visión del mundo de pronto se disipó. Fue consciente de su felicidad. Compartir la noticia con Mel hizo aún más inolvidable la experiencia. Algo enormemente pequeño estaba creciendo en su interior y valía, sin duda, mucho más que todos los premios del mundo juntos.

Febrero llegó con más buenas noticias. Pocos días después de asistir al estreno de *Sabrina* en París con su radiante y embrionaria felicidad, la Academia volvió a nominarla al Óscar a mejor actriz. Segunda película y segunda nominación. En muy poco tiempo, Audrey ya había logrado lo que la mayoría de actores tardan años en conseguir, en caso de hacerlo. Pero apenas unas semanas más tarde la oscuridad se cernió sobre ella y le arrebató la ilusión que guiaba su vida desde principios de año. Audrey sufrió un aborto espontáneo, y tanto ella como Mel, pero especialmente ella, quedaron devastados. Mel ya tenía dos hijos. Ella no tenía nada. «Aquel fue el momento en el que estuve más cerca de volverme loca», explicó años después. ¿Por qué le costaba tanto conseguir lo que a otros les ocurría casi sin planearlo? ¿Y si nunca lograba cumplir su sueño? ¿Qué iba a hacer ahora? Trabajar, trabajar, trabajar. Así se lo aconsejaron Mel y su madre. Y eso fue lo que hizo.

Aquella primavera cumplió veintiséis años todavía rota por dentro, pero al menos la esperaba la inmortal historia de Tolstoi. Cuando su representante le confirmó la desmesurada cifra que cobraría por aquel rodaje, Audrey no pudo más que exclamar: «¡Es imposible! Yo no valgo tanto. ¡Por favor, no se lo digas a nadie!»

Eran nada menos que trescientos cincuenta mil dólares, más otros quinientos a la semana en dietas por casi cinco meses de rodaje. Su marido cobraría cien mil. Era la cantidad más elevada que jamás había cobrado una actriz hasta el momento y, a pesar de su pedido de discreción, era algo histórico y la prensa no tardó en hacerse eco. Así que aquel año se dejó el alma y la mente en la extenuante superproducción de Vidor, que sobrepasó todas las cifras conocidas en número de extras, vestuario, desplazamientos, alquiler de armamento y lo que requiriese una superproducción de aquellas dimensiones. Mientras todos resaltaban constantemente la serenidad de Audrey en mitad del caos, ella arrastraba en silencio la cercana pérdida de su breve embarazo, y por dentro luchaba contra su inseguridad y el siempre presente temor de no estar a la altura. Por supuesto, la cámara era incapaz de captar ninguno de estos sentimientos, al igual que sus compañeros de reparto. Solía mostrarse firme y serena cuando creía que alguien se inmiscuía en su vida. Durante una elaborada secuencia de baile en la que llevaba un vestido que dejaba al descubierto sus hombros, el director de fotografía, Jack Cardiff, le aconsejó que se pusiera un collar para ocultar las clavículas, pues consideraba que estaba demasiado delgada. Audrey se negó, y ante la insistencia de este, se plantó frente a él y le dijo:

—Jack, soy yo. Soy lo que soy, y hasta la fecha no me ha ido tan mal.

No era la primera vez que había tenido que pararle los pies a alguien, generalmente un hombre, por juzgar su físico. Siempre recordaría la vez que Arthur Wilde, publicista de la Paramount, le dijo que quizá tendría que aumentar sus pechos. Wilde lo explicó unos años después:

> Me tocó la desagradable tarea de informar a Audrey de que el estudio tal vez le pidiera que realzara sus senos tanto en pantalla como fuera de ella. Sin embargo, se negó en redondo a cambiar su aspecto. O era ella misma o no sería nadie. Por supuesto, tenía razón. Había iniciado un estilo completamente nuevo en Estados Unidos y en 1953 era una maravillosa novedad.

De vez en cuando la asaltaba la duda de si realmente podía llegar más lejos en su profesión. Había ascendido tan alto en tan poco tiempo que no sabía si le quedaba mucho más por conseguir, de modo que llegó a la conclusión de que lo mejor sería ser más selectiva, escoger cada trabajo con plena consciencia y cuidado. Si no, no trabajaría. Eso fue lo que hizo que se embarcara sola rumbo a Los Ángeles en febrero de 1956. ¿Qué podía motivarla tanto como para hacerla regresar a Hollywood? ¿Qué proyecto podía conectarla tanto con su propio ser para que decidiera volver a ponerse ante las cámaras después de haber alcanzado el cénit? La danza. Para Audrey, la respuesta siempre era la danza. Y, también, el mito y el carisma de ese bailarín que desafiaba a la gravedad con una elegancia y una gracia inimitables. Iba a rodar *Una cara con ángel*, una comedia musical con el mismísimo Fred Astaire. Y en el momento en el que tuvo delante a ese hombre al que había visto volar desde siempre, aquel con el que todas las mujeres del mundo querían bailar, se quedó inmóvil. Se sintió pequeña, muda y rígida. ¿Cómo se baila con Fred Astaire? Pero entonces él la cogió de la cintura y ella bailó como si flotara. Eran dos plumas deslizándose en el aire.

Durante dos meses realizó largos ensayos de canto y baile. Cumplió veintisiete años y en algún momento revivió fugazmente el fértil cansancio que había sentido después de las largas sesiones de entrenamiento con Marie Rambert. ¿Dónde había quedado todo aquello? ¿Seguía siendo la misma? Ahora era otra Audrey. Más madura, más consciente, igual de tenaz y de perfeccionista, aunque en absoluto más segura. Pero mientras se concentraba en los pasos, en los tiempos, en los movimientos de sus compañeros, e intentaba expresar la emoción con el cuerpo buscando el imposible equilibrio entre orden y alma, reconoció también la chispa de aquella primera ilusión por triunfar, la fuerza del baile que le ayudó a soportar la guerra y el hambre. Aunque en el rodaje de *Una cara con ángel* los actores solo tenían que fingir que cantaban, Audrey también realizó largas jornadas de grabación previas, pues todos los temas debían quedar registrados para ser utilizados durante el rodaje. Aunque rodar con Astaire a veces le resultaba estresante, pues en algunos momentos hizo gala de un insólito mal humor, Audrey se ilusionaba en cada escena e intentaba aportar su granito de arena, su propia idea de aquello que estaban haciendo.

Audrey guardó grandes recuerdos de aquel rodaje entre Los Ángeles y París. Tras su estreno, al año siguiente, un crítico del *New York Times* escribió:

> Es razonable pensar que no se va a ver una película musical más hermosa —o una con un estilo más extraordinario— durante lo que queda de año. La señorita Hepburn posee el sumiso encanto de un alhelí convertido en una atribulada mariposa.

Tras un corto rodaje junto a su esposo para la televisión en el que los productores buscaban a una pareja real en los papeles protagonistas, y con el que nuevamente se embolsó una desorbitada cantidad de dinero por tres semanas de trabajo, Audrey decidió que tocaba volver a descansar. Su cuerpo, pero sobre todo su mente, le pidieron parar. El año 1957 fue el primero que pasó completamente alejada de las cámaras. Instalada en México junto a Mel, donde este rodaba, pidió a su representante que rechazara cualquier solicitud de entrevista, actos sociales o publicitarios. Su próximo trabajo sería bajo las órdenes de Mel, que se había propuesto dirigirla como protagonista en *Mansiones verdes*.

Aquel año sabático le había ayudado a reflexionar sobre sus próximos movimientos en el cine. Si repasaba su vida profesional, era evidente que en todas las películas que había hecho hasta el momento, lo más habitual era emparejarla con actores mucho mayores a los que enamoraba y deslumbraba con su dulce ingenuidad, su risa cristalina, su espontaneidad. O bien interpretaba a elegantes mujeres en dramas de época. Pero no estaba segura de querer hacer algo así otra vez. Se acercaba a la treintena y quizá la fascinación del público hacia la jovencísima y desconocida Audrey comenzaba a esfumarse. Ya no encarnaba la frescura y desfachatez de la juventud. Todos la habían visto, admirado y aplaudido. En Estados Unidos, en Europa, en casi todo el mundo. Pero en realidad solo conocían una parte de ella. Sin duda alguna, nadie conocía a la verdadera Audrey, solo a Gigi, a la princesa Anna, a Natasha, a Sabrina y a la parte de verdad que había en todas ellas. ¿Qué quedaba ahora? ¿Había sitio en el cine para enseñar a la verdadera Audrey? ¿Le había llegado el momento de representar papeles más introspectivos, de hurgar en su interior y trabajar a sus personajes con lo que allí encontrara? Todo en su vida había mirado siempre hacia fuera. Sus papeles, la energía indomable, el baile. Llevaba mucho tiempo bajo la luz de los focos, estando en boca de todos, observada con lupa hasta el mínimo detalle. Su ropa, su cuerpo, su vida sentimental. Y para muchos, había cumplido un sueño muy precozmente, de acuerdo, pero en su corazón seguía pesando más aquello que le faltaba.

Una cara con ángel se estrenó en Estados Unidos y Europa y las noticias de su éxito llegaron hasta México, donde Audrey las recibió con satisfacción. Récord en taquilla y colas en los cines para ver en movimiento a la pareja Astaire-Hepburn. Audrey pensaba en ello y sonreía. ¿Había algún proyecto con Fred que no pudiera funcionar? Su modestia casi patológica le impedía ver que su talento, su carisma delante de la cámara, la habían elevado a la misma altura que cualquier otro de esos gigantes del cine a los que ella admiraba. Era sorprendente que todavía sintiera miedo, que siempre atribuyera el éxito a otros, que estuviera permanentemente insegura cuando la evidencia estaba allí, al alcance de cualquiera que se sentara en un cine.

Una mañana, el cartero trajo un telegrama a su nombre. Audrey lo cogió con extrañeza y leyó el remitente. Era de Kurt Frings, su representante. ¿Qué querría? Ya le había dicho que denegara toda entrevista y acto social, y sinceramente no creía que hubiera aparecido por arte de magia un proyecto que la hiciera cambiar de idea. Pero así era. Warner Brothers estaba preparando una producción sobre una novela que había vendido millones de ejemplares, y el papel protagonista era totalmente distinto a todo lo que había hecho hasta entonces. Frings sabía que Audrey no aceptaría cualquier papel, pero le pedía por favor que leyera aquella historia, basada en hechos reales, que le llegaría en unos días a casa.

A los tres días, Audrey tenía en sus manos *Historia de una monja*, de la escritora estadounidense Kathryn Hulme. La recomendación tan enfática de Frings hizo que comenzara a hojearlo con ciertos reparos, pero cuando llevaba un tercio se dio cuenta de que tenía razón. Estaba descubriendo algo propio junto al viaje de Gabrielle van der Mal, la protagonista, que se había convertido en la hermana Lucas tras dejar la vida acomodada junto a su familia e ingresar en un convento. Después de cuidar de enfermos de lepra en el Congo durante nueve años, la hermana Lucas había regresado a Bélgica para asistir a los heridos de la guerra, y cuando descubrió que su padre había sido asesinado por los nazis, se liberó de sus votos para ejercer como enfermera.

Nadie podía imaginar lo que Audrey sintió al leer aquello. Qué imágenes, qué terrores regresaron a ella. Derramó lágrimas durante varios pasajes de la novela. No soltó el libro en dos días, el tiempo que tardó en leerlo. Había tanta verdad y tanto coraje en aquellas páginas que no tuvo duda. Admiraba a la hermana Lucas, su honestidad, la generosidad, la valentía, la humildad. Aquella capacidad de dar a los más frágiles sin pretender nada, por puro amor, la removió por dentro. Quería conocerla. Y, por supuesto, quería contar su historia.

A finales de junio de 1957 viajó a Los Ángeles para reunirse con el equipo creativo de la película. Entre ellos estaba el escritor que se iba a encargar de adaptar la novela, Robert Anderson, un hombre serio, alto, cultivado. Tenía en la mirada una huella triste. Más tarde, Audrey se enteró de que recientemente había perdido a su mujer a causa de una dura enfermedad. Al parecer, había pasado muchos años cuidándola. Audrey sintió una conexión instantánea con él, un buen hombre que como ella parecía un poco roto por dentro. Durante aquel verano se reunieron a menudo en el apartamento de un amigo de ella, donde compartían la admiración que ambos sentían por la hermana Lucas y la fascinación mutua que se profesaban. En una novela posterior titulada *After*, Robert Anderson relató, ficcionando identidades y hechos, su intensa relación con Audrey. Puso en boca de Marianne, su protagonista inspirada en ella, las siguientes palabras:

> Lo que más deseo es entregar mi vida a algo o a alguien. Una entrega total, completa. Cuando era niña pensé en hacerme monja. Su concentración y dedicación me emocionaban. Algunos bailarines, músicos o artistas me producen el mismo sentimiento.

Audrey tenía veintiocho años y estaba casada, pero no quería reprimir los impulsos de su corazón, el magnetismo de la pasión que había encontrado en este hombre herido. Robert tenía cuarenta y estaba realmente fascinado por ella, y sus actos de amor a veces resultaban desmesurados. Durante esos días extraños vivieron un romance, pero Audrey intuía que aquella entrega nacía de un gran sentimiento de soledad, de la imperiosa necesidad de llenar un vacío que posiblemente nunca llenaría. Sabía que aquella adoración no era hacia su persona, aunque él así lo creía, sino hacia todo lo que Robert había proyectado en ella.

Robert no fue el único descubrimiento en aquellas reuniones de preproducción. Una mañana, Audrey se encontró delante de Kathryn Hulme, la autora del libro, y de Marie Louise Habets, la verdadera hermana Lucas. Sentada en silencio, Audrey no podía dejar de observar cada movimiento, cada gesto, la vestimenta y el aura casi mística de aquellas mujeres. Aunque al principio Audrey apenas preguntaba y se limitaba a observar, pronto se convirtieron en dos de las personas con las que más cercanía había sentido en su vida. Llegó a conocer a fondo la historia y trató de aprender la manera más respetuosa de mostrar la vida de una religiosa sin caer en el exceso ni en la teatralidad. Aprendió a hacer la genuflexión con naturalidad, a santiguarse. Se puso los hábitos. Cuando se probó por primera vez aquella prenda, Audrey se sintió protegida y desnuda al mismo tiempo. Esta vez ni el maquillaje ni los exclusivos diseños de ningún modisto enmascararían su esencia. La hermana Lucas era Audrey en estado puro. Audrey era la hermana Lucas. Cuando habló sobre el personaje unos años después del rodaje, explicó:

> Mi madre nos había inculcado que había que ser útil, y que dar amor era más importante que recibirlo. Cuando interpreté a la hermana Lucas, me ayudó a recordarlo. Descubrí que algo me pasaba cuando me vestía con el hábito de monja. Cuando se hace, se siente algo especial.

La preparación de aquel personaje la estaba conduciendo hacia su lado más profundo. Y ella se dejó llevar por la oportunidad y el descubrimiento. Pasó un tiempo en el convento francés de las Oblatas de la Asunción, donde conoció la vida diaria de las monjas. La austeridad, la devoción, el silencio. Y poco antes de la fecha del inicio del rodaje en el Congo, el 28 de enero de 1958, pasó cuatro días en una colonia de enfermos de lepra junto al misionero y doctor británico Stanley Brown. Audrey no podía más que observar aquella labor con callado respeto y admiración. Aquel hombre hacía del mundo un lugar más habitable. ¿Qué hacía ella por los demás?

El rodaje en el Congo fue una de las experiencias físicas y emocionales más duras a las que Audrey y todo el equipo se habían visto sometidos hasta entonces. En ciento treinta y dos días de rodaje, con temperaturas de entre treinta y siete y cin-

Después de su primer aborto, Audrey fue muy selectiva con las películas en las que participaría. Solo aceptó aquellos papeles que le hacían especial ilusión, como el de Jo Stockton en Una cara con ángel *(arriba), donde pudo cumplir su sueño de bailar con Fred Astaire, o el de la hermana Lucas en* Historia de una monja *(abajo), que rodó en el Congo y sembró en ella el compromiso por las causas humanitarias.*

cuenta y cuatro grados, los desmayos eran habituales, así como la presencia de insectos y serpientes. Rodaron en el hospital, en una leprosería, en la escuela de la misión... y todos aquellos lugares llevaban a Audrey cada vez más hacia su interior. Ella, que nunca había estado en un quirófano, presenció varias intervenciones, entre ellas, una cesárea en la que el bebé finalmente murió. Aquello la afectó mucho. En abril, mientras se rodaban los interiores en Italia, Audrey escribió a la hermana Lucas y a Kathryn para contarles hasta qué punto el rodaje la había transformado. Ella, que había conocido el dolor y la compasión, había tenido que hacer su propio viaje interior para encontrar los sentimientos que necesitaba su personaje. Era la primera vez que estaba sola ante algo así, porque aquí no contaba con la ayuda del maquillaje ni de los vestidos de Givenchy: solo tenía la expresión de su rostro y el lenguaje de sus gestos.

Encontró un gran apoyo en Robert Anderson. No era habitual que un guionista estuviera presente durante todo el rodaje de la película, pero Robert sí estuvo en el proceso de *Historia de una monja.* Primero en Los Ángeles, luego en Roma y el Congo. Audrey siempre asoció esta película a Robert, con el que seguía manteniendo apasionados encuentros. Él estaba perdidamente enamorado de ella, o eso creía. Una tarde de mayo, con veintinueve años recién cumplidos, Audrey le contó a Robert su profundo deseo de tener hijos. Y otra vez, pareció que el tiempo había retrocedido. Casi podía ver el rostro de William Holden en el de Robert. Se puso muy serio. Parecía una broma cruel: «No puedo tener hijos, soy estéril», le confesó él. Y ella no pudo más que callar y sellar con un último beso el fin de esa aventura.

La última escena de la película se rodó a finales de junio. Por entonces, Audrey ya era otra.

Aquellos seis meses la habían llevado a lugares interiores que desconocía o que llevaba tiempo sin visitar. La experiencia despertó en ella el deseo de volver a ver a su padre, del que llevaba años sin saber absolutamente nada. ¿Qué sería de Joseph Ruston? Mel sabía que aquella era para su esposa una herida sin cerrar, pues hablaba de ello a menudo. Y una tarde su marido se acercó a ella, la agarró con suavidad de ambos brazos y le dijo que su padre estaba viviendo en Irlanda. Lo había localizado a través de la Cruz Roja.

—Hablé con él por teléfono. Enseguida supo quién era yo. Joseph Ruston sigue tu vida y tu carrera y, si tú lo deseas, él estará dispuesto a verte —explicó Mel.

Audrey se quedó atónita. ¿En Irlanda? ¿Y quería volver a verla? Mel creía que una reunión entre ellos cerraría el círculo y cosería la herida.

Una vez registrados en el hotel Shelbourne de Dublín, adonde volaron desde Lucerna, Audrey y Mel subieron a la habitación a esperar el aviso. Cuando el teléfono sonara, Joseph Ruston estaría en el vestíbulo. Qué expectación tan extraña: horas observando aquel aparato inmóvil. La llamada sobresaltó a Audrey. Estaba nerviosa, y aquel sonido la hizo temblar por dentro. Los recuerdos de su padre eran difusos. Habían pasado más de veinte años desde que su figura se había esfumado entre la niebla del aeródromo de Sussex. Audrey y Mel bajaron juntos. Ella lo reconoció al instante. Aquel hombre allí plantado, elegantemente vestido con un envejecido traje de paño, parecía paralizado. Era una estatua en mitad de aquella gran sala. Había hecho un esfuerzo descomunal para presentarse allí aquel día. Audrey lo miró sin saber muy bien qué esperar, pero se dio cuenta de que Joseph Ruston era incapaz de mostrar ninguna emoción. Inmóvil, imposibilitado para dar un paso o un abrazo, se limitó a quedarse quieto. Audrey sencillamente se acercó y lo abrazó. Sin derramar una lágrima, acababa de perdonar a su padre por tantos años de ausencia. Lo entendió. Joseph no era una mala persona, no sabía expresar sus sentimientos, estaba alejado de sí mismo y, por consiguiente, de los demás. Tras un rato a solas con él, Audrey decidió guardarse todas las lágrimas, ya había llorado demasiado por él. Y cuando Mel regresó y la encontró en el vestíbulo, ella solo dijo: «Ya podemos irnos a casa».

Aquel año catártico finalizó de la mejor manera. Poco antes de terminar el rodaje de *Mansiones verdes*, Audrey sintió una euforia desmedida al enterarse de que estaba embarazada de nuevo. Era la mejor sorpresa que podía recibir: era octubre de 1958 y se había comprometido para rodar un wéstern con John Houston a principios del año siguiente. Su compañero de reparto sería Burt Lancaster. *Los que no perdonan* se rodaría en México, con calor, viento y polvo, y además tendría que montar un caballo árabe llamado *Diablo*. Ya no recordaba la última vez que lo había hecho, así que lo más sensato era tomar clases de equitación para evitar cualquier riesgo. Pero no contaría su estado a nadie en el set.

A pocos días de comenzado el rodaje, en enero de 1959, *Diablo* se encabritó y, con un movimiento brusco, lanzó a Audrey por encima de su cabeza. Todos en el set recordaban el ruido de Audrey al caer. Estaba consciente y sabía que se había hecho daño, pero ella solo pensaba en el bebé que crecía en su vientre. Cuando la trasladaron en avión al hospital, respiró aliviada al saber que seguía embarazada, aunque tenía una vértebra rota y un esguince en el pie. No pudo regresar al plató casi hasta el final del rodaje, a mediados de marzo.

Pero pocas semanas más tarde, ocurrió. Sin previo aviso, sin causa aparente. Audrey sintió unas violentas contracciones y un dolor que no olvidaría. En el hospital, su cuerpo terminó de expulsar al feto sin vida. Nada podía compararse a esto. Años después, ella se refirió a este episodio:

> Desde la edad más temprana que puedo recordar, lo que más quise fue tener niños. Mis abortos eran más dolorosos para mí que cualquier otra cosa en el mundo.

Decidió descansar lo que quedaba de año. Se recluiría, junto a Mel, en Bürgenstock. En aquel pueblo de las montañas suizas que tanta paz y buenos momentos le había dado, el lugar en el que se había casado y donde había descubierto unos años atrás el poder curativo del silencio, Audrey volvió a quedarse embarazada. Esta vez, sonrió levemente al conocer la noticia. También lloró por el miedo a una nueva pérdida. La vida le estaba dando una tercera oportunidad para alcanzar su sueño, y esta vez deseaba con todas sus fuerzas poder aprovecharla.

4

DEL CUENTO A LA REALIDAD

Incluso cuando era pequeña, lo que más deseaba
era tener un hijo. Mi auténtico yo siempre fue así.
Las películas eran simples cuentos de hadas.

AUDREY HEPBURN

En la imagen de la página anterior, Audrey durante la grabación de Desayuno con diamantes, *la película que la consagró como un referente de estilo y elegancia. Su imagen con el peinado recogido, los guantes y la boquilla es ya un icono en sí misma. Audrey irradiaba felicidad tras el nacimiento de su hijo. Sin embargo, el gran éxito en la pantalla devino en declive matrimonial, pues Mel Ferrer no llevaba bien que su esposa lo eclipsara en el mundo profesional.*

Un intenso aguacero descargaba sobre Bürgenstock cuando Audrey sintió los primeros dolores. Respiró hondo y se prometió a sí misma que mantendría la calma, pero la ilusión y el miedo son emociones que no se equilibran con facilidad. Estaba aterrorizada, pero a su vez se sentía terriblemente feliz. Mel estaba a su lado. Ya habían llegado a la maternidad de Lucerna cuando la tormenta amainó y un sol radiante inundó la montaña. Los dolores se habían ido intensificando, pero ella sabía que acabarían pronto. Era el dolor más bonito del mundo, llevaba toda su vida esperándolo. En el mediodía del domingo más claro, después de sentir que una bola de fuego pugnaba por salir de su cuerpo, Audrey alumbró a Sean. Desde allí mismo, el 17 de julio de 1960, Mel envió telegramas a los amigos y seres queridos:

> NIÑO SEAN NACIDO A LAS DOS CUARENTA ESTA TARDE. CUATRO KILOS Y MEDIO. AUDREY BEATÍFICAMENTE FELIZ. BESOS MEL.

Y Audrey mudó de piel.

Los telegramas de felicitación que llegaban a Villa Bethania se contaban por centenares. Provenían de los lugares más diversos; el variado mosaico de personas que había pasado por sus vidas en los últimos años quería hacerles llegar sus palabras. La noticia se extendió rápidamente de Lucerna a Ginebra, a París, a Londres, se multiplicó y viajó en cables infinitos hasta cubrir Europa, hasta llegar a América: todos sabían que el mayor deseo de Audrey Hepburn al fin se había visto cumplido.

Ella y Mel habían pintado y reformado el piso superior de la casa para que fuera la habitación del pequeño. La luz bañaba la estancia abuhardillada, pintada de blanco y azul. Los primeros días, Audrey pasaba allí la mayor parte del tiempo, junto a la cuna de su precioso hijo. Podría mirarlo durante mil horas y seguiría asombrándose de que estuviera allí con ellos. Le gustaba observarlo mientras dormía. Sean tenía la piel suave y desprendía un aroma de vida nueva al que se quedaba pegada, con los ojos cerrados, cuando lo tenía en brazos. El mundo podría acabarse en esos momentos y ella no se habría dado ni cuenta. Era su sueño hecho realidad.

Aquel año resultó fértil en todos los aspectos. Un proyecto fascinante llegó a su vida al mismo tiempo que Sean, y a pesar de que Audrey quería pasar con su hijo todas las horas posibles, aquel papel era una oportunidad única. Rompía con todo lo que había hecho hasta ahora, y sabía que a partir de entonces debía ser más selectiva. ¿Cómo escoger? ¿Qué debería hacer? Mel opinaba que debía aceptar el papel: él estaría con Sean y, además, habían contratado a una cuidadora italiana que trataba a su hijo con toda la delicadeza que ella y el niño necesitaban.

Audrey dijo que sí con la duda todavía estrujándole el corazón. Pero desde ese momento hasta que empezó el rodaje en octubre, se preparó para dar vida a Holly Golightly. Leyó *Desayuno con diamantes,* la novela corta de Truman Capote en la que se basaba la película, y aunque le encantó el carácter extravagante y la fuerza de esa joven de turbio pasado que se prostituía a la espera de casarse con el hombre más rico del planeta, creía que ella era demasiado introvertida para meterse en su piel. De todas maneras, la película perdió buena parte de la acidez de la novela para convertirse en un relato más edulcorado y simpático, lo cual no era descabellado porque por aquellos años comenzaban a ponerse de moda ese tipo de comedias sofisticadas. Como Audrey siempre dudaba de sí misma, debería trabajar mucho para hacer creíble el personaje. Holly era extrovertida y alegre, mientras que Audrey era más introvertida y un punto melancólica. ¿Sería capaz de hacer la interpretación adecuada?

~

Con una toalla enrollada en la cabeza, vestida con vaqueros y una sencilla camiseta azul cielo, una Holly de andar por casa cantó con una nostalgia y un anhelo que no aparecían en el resto de la película. Cantó Audrey, desde dentro, y mientras lo hacía, todos los presentes en el rodaje sabían que estaban asistiendo a algo excepcional. «*Moon River* se escribió para ella. Nadie más la entendió tan bien», contó Mancini tiempo después. Audrey estaba satisfecha, para ella era importante transmitir verdad, y sentía que, después de tanto preparar su voz y entrenarse con la guitarra, al fin pudo olvidarse de ellas y expresarse desde el corazón. Lo había conseguido. Eso fue lo que la hizo saltar de su asiento cuando, durante un pase de prueba ante el público en San Francisco, el jefe de producción de la Paramount afirmó resolutivo:

—Bueno, puedo deciros una cosa, ya podemos deshacernos de esa canción.

Audrey estalló al instante e hizo algo que nunca había hecho: reaccionó de manera impulsiva. Y mientras Mel intentaba retenerla por un brazo, se levantó y dijo:

—Será por encima de mi cadáver.

Todos los presentes se quedaron atónitos. La misma Audrey se sorprendió de aquella reacción instintiva, pero fue una suerte que la expresara. La canción se mantuvo en el montaje final y al año siguiente contribuyó a conseguir los dos Óscar de la película, mejor canción y mejor banda sonora. No había que ser muy avezado para darse cuenta de que, en realidad, era el alma de Audrey la que vibraba a través de Holly, era ella y no su personaje la que pulsaba la guitarra con melancolía.

Aquella interpretación le valió su cuarta nominación al Óscar, a lo que se sumó el gran éxito cosechado por la película. La experiencia de *Desayuno con diamantes* le sirvió para comprobar que podía compaginar su carrera con su familia. Mientras ella daba forma a uno de sus personajes más memorables, el pequeño Sean se lanzaba primero a gatear y, después, a tambalearse de una manera encantadora, paso a paso, en dirección a la sonrisa gloriosa de su madre.

Mientras a Audrey le llovían las ofertas, a Mel las cosas no le iban tan bien. Audrey seguía ascendiendo, si es que aún se podía llegar más alto. Y él, sin expresarlo abiertamente, lo vivía con mucha ansiedad. Audrey lo sabía. Cuando aparecían juntos en público tenía que retroceder un paso, con una expresión rígida en el rostro, consciente de que las cámaras no estaban allí por él. En casa, podía pasar de la luz a la sombra en solo un momento por los motivos más intrascendentes. Estaba susceptible, irascible. Cuando conseguía hablar del tema con él, Mel le confesaba que sentía que algunos productores lo utilizaban de cebo para poder llegar hasta Audrey, y a él, que soñaba con actuar, dirigir y producir grandes películas, aquello le ardía por dentro. No tenía problemas en decirlo abiertamente:

> Desde luego, es un problema cuando, como sucede en mi caso, la esposa eclipsa al marido. Me vuelvo susceptible cuando los productores me llaman para decirme que quieren hablar de tal o cual película conmigo, cuando lo que en realidad están haciendo es lanzar el anzuelo a Audrey.

Quizá no fuera tanto aquello como el hecho de ver que él seguía estancado. A Mel le llegaban papeles, pero eran trabajos de segunda categoría, y se dedicaba a trabajar y rodar cuanto podía. Rodaba exteriores por todo el mundo y pasaba bastante tiempo fuera de casa. Como contrapartida, a pesar de aquel malestar en su fuero interno, aparecía feliz y sonriente en la prensa acompañado de las actrices con las que trabajaba. ¿Por qué hacía aquello? Audrey empezó a temer que su éxito acabara por devorarlos. Y en otro momento incluso podría haberlo aceptado, pero ahora tenían un hijo, deberían estar más unidos que nunca. Audrey se aferró al matrimonio: no pensaba dejar que se fuera al traste. No quería que su hijo sufriera un divorcio, sabía por propia experiencia lo duro que resultaba. De modo que durante aquel año, Audrey voló, junto a Sean y la niñera, primero a Roma y luego a París, siguiendo la agenda de rodajes de Mel. Únicamente regresaron a Bürgenstock en Navidad, donde estuvieron todos juntos.

Sean crecía feliz en Villa Bethania. Para Audrey, la rústica casa rodeada de árboles era el centro de su felicidad, el sitio al que regresaba cuando sentía que la vida pública comenzaba a asfixiarla. El pequeño estaba a punto de cumplir dos años, y ella, treinta y tres. Era tan feliz en casa que seguía con la idea de trabajar únicamente en películas que realmente la compensaran. Y rodar en París, con vestuario de Givenchy y con un sueldo astronómico, era una motivación suficiente para que en julio de 1962 empezara una nueva película en la capital francesa. *Encuentro en París* era el título. Toda una ironía: la película supuso el reencuentro de Audrey con William Holden, de quien no había sabido nada desde que se habían separado nueve años atrás. Cuando le propusieron el papel, a Audrey no le supuso un problema que William formara parte del equipo. Recordó lo bien que lo habían pasado y pensó que sería divertido rodar de nuevo juntos, pero nada más verlo tuvo claro que se equivocaba. Holden bebía mucho. Ya lo hacía cuando se habían conocido en *Sabrina,* pero desde entonces el consumo de alcohol había aumentado y el actor había desarrollado una grave adicción. Audrey no sentía nostalgia de aquella relación, ahora era madre y solo pensaba en su hijo, pero a William sí le inquietaba la idea de rodar con ella, y aquello le hacía beber más. Durante los cuatro meses que duró el rodaje, muchas veces hubo que suspender la filmación porque Holden aparecía borracho en el plató. A Audrey la apenaba mucho aquella situación y echaba demasiado de menos a Sean. Había días y noches en las que solo pensaba en tenerlo entre sus brazos, sentir su calor. Acunarlo durante unos minutos le habría devuelto la paz.

Pero aún pasarían algunos meses hasta que pudiera estar más tiempo con él, pues encadenó ese rodaje con el de una parodia de las películas de suspense en la que compartía cartel con Cary Grant. Otro viejo amigo, Stanley Donen, la requería para el papel protagonista de *Charada*. Después de la experiencia con Astaire, la perspectiva de volver a trabajar con el gran director de musicales le parecía imposible de rechazar. La grabación de *Charada* obligó a Audrey a permanecer en París durante los últimos meses de 1962 y los primeros de 1963, dejándole solo el paréntesis de las navidades para regresar a Villa Bethania con su familia.

Una tarde, entre toma y toma, Grant se sentó frente a ella. Mientras esperaban que el director de fotografía consiguiera la iluminación adecuada, los técnicos comprobaran sus equipos y el director de arte controlara que todo estuviera en su lugar, en medio de aquel caos del rodaje, Grant cogió las manos de Audrey y se acercó a ella. «Has de aprender a gustarte un poco más», le susurró. Audrey lo miró sorprendida, no esperaba aquello, así, en ese momento. ¿A qué venía eso? ¿Es que la notaba nerviosa? Sin embargo, por más intempestivo que fuera, a Audrey le hizo reflexionar. Grant tuvo la delicadeza de decirle algo sumamente importante, en privado, y Audrey sospechaba que aquello había sucedido porque él reconocía en ella su propia vulnerabilidad. Grant había pasado del alcoholismo a una etapa de consumo de sustancias diversas, y muchos de sus conocidos aseguraban que era bisexual (algo que, si hubiera salido a luz en el mojigato Hollywood de los sesenta, le habría costado su carrera). ¿Podía ese hombre triste percibir en ella la acumulación de tantos años de tristeza? Audrey sintió que eran dos pequeñas estrellas temblando por dentro.

Cuando finalizó el rodaje y regresó a Villa Bethania, Audrey se encontró con una carta que indicaba con bastante exactitud la altura que había alcanzado su fama. Era una invitación para asistir a la fiesta de cumpleaños del presidente de Estados Unidos, John F. Kennedy, confeso admirador suyo. Acompañada de su marido, Audrey asistió la noche del 29 de mayo al hotel Waldorf Astoria de Nueva York y, tal como había hecho Marilyn Monroe el año anterior, le cantó al presidente el *Cumpleaños feliz*, sin que nadie pudiera imaginar que sería el último. La actuación de Audrey no fue tan sensual como la de su antecesora, porque ella tenía otro estilo. El contraste entre ambas fue el mismo que diez años antes, cuando se estrenó *Vacaciones en Roma*, sorprendió a todo Hollywood: Audrey se ganó a la audiencia por su sencillez, elegancia y ángel.

Las siguientes semanas de Audrey fueron un ida y vuelta de negociaciones y decisiones que culminaron el 4 de junio de 1963, cuando una nube de periodistas y cámaras se congregó en los estudios de la Warner a la hora del almuerzo. Habían convocado a la prensa para anunciar de manera oficial el reparto completo de *My Fair Lady*, la película que más expectativas estaba generando ese año. Encabezando el cartel, los productores anunciaron el nombre de Audrey Hepburn, que interpretaría a Eliza Doolittle en la pantalla. A pesar de que ya se habían extendido los rumores, algunos pusieron el grito en el cielo incluso después de escucharlo. ¿Audrey Hepburn? ¡Julie Andrews era Eliza! A los defensores de Andrews no les faltaba razón: ella llevaba más de tres años triunfando en Broadway y en el West End encarnando a la harapienta florista londinense. Y cantaba como los ángeles. El argumento que esgrimió Warner Brothers durante la negociación era que Julie Andrews nunca había rodado una película, y tampoco tenía la capacidad de hechizar al público con la que contaba Audrey. Y al final todo se redujo a un argumento insalvable: la película más cara de la historia de Hollywood hasta la fecha, con diecisiete millones de dólares de presupuesto, no podía correr ese riesgo. Audrey Hepburn era la apuesta segura. Y ella, por su parte, recordaba muy bien el momento en el que había visto por primera vez *My Fair Lady* en el teatro, siete años atrás, y el ferviente deseo de protagonizarlo si alguna vez se llevaba a la pantalla. Y allí lo tenía.

Pero la ilusión por interpretar a Eliza en la película más esperada desde el estreno de *Lo que el viento se llevó*, en 1939, contrastaba con la angustia que le producía la distancia cada vez mayor que sentía hacia Mel. Audrey se instaló con Sean y la niñera en una casa en Los Ángeles durante los meses que duró el rodaje de *My Fair Lady* y, entretanto, Mel seguía viajando y aceptando papeles en todo tipo de películas, la mayoría de ellas en Europa. Si la distancia hubiera sido solo física, tal vez habría quedado más sitio para la esperanza en su corazón. Pero los kilómetros eran lo de menos. Lo que más pesaba era el desequilibrio entre el éxito de Audrey y el de Mel. En aquellos años, no era corriente que los maridos permanecieran a la sombra de sus esposas, y mucho menos en un mundo con tanta exposición pública como el del cine. Audrey admiraba el esfuerzo de Mel por buscar nuevos proyectos, pero le dolía que él se sintiera así. ¿Cómo podrían hacer crecer su amor si debían convivir con la frustración y el rencor de Mel? Audrey a veces tenía la impresión de que su marido había tirado la toalla, de que se sentía pequeño y desdichado, y ella no sabía muy bien qué hacer.

Aquellos meses Audrey se centró en el trabajo. Las pocas horas que tenía libres las dedicaba a Sean, el auténtico amor de su vida. Apenas mantuvo contacto con sus amistades. ¿Se estaba refugiando inconscientemente de aquella infelicidad latente?

Tampoco le quedaba mucho espacio para divertirse, los ensayos para la película le llevaban doce horas diarias. Sentía que, además de hacerlo bien, tenía que demostrar que su elección, en lugar de Julie Andrews, había sido acertada. Se preparó a conciencia: alternaba las clases de baile con las lecciones de canto, las de acento cockney (de la clase trabajadora del este de Londres) y los ensayos de los diálogos. Y estaba tan preocupada por dar la talla en todas las canciones que, además, empezó a tomar clases particulares de canto para mejorar la sonoridad de su voz. Como siempre, dudaba de si sería capaz y sacaba sus mejores armas: la disciplina y la perseverancia.

A pesar de todo, cuando se inició el rodaje el 2 de agosto, su energía estaba intacta. Siempre empezaba las filmaciones con una ilusión renacida. Llegaba todos los días a las cinco de la mañana para someterse a la transformación de Audrey en la harapienta Eliza. Durante una hora de maquillaje le tiznaban la cara, le ensuciaban las uñas y le realizaban peinados estudiadamente despeinados, o le colocaban perfectas pelucas de florista callejera.

Luego, horas de rodaje, diálogos perfectamente estudiados, bailes y escenas musicales en las que sus labios tenían que encajar al milímetro con las canciones grabadas. Era agotador, pero nadie le había dicho que aquel papel sería fácil. Y ella estaba dando lo mejor de sí. Por eso se quedó pálida cuando le dijeron que iban a doblarla. No era la primera vez que en un musical la voz de una cantante experta doblaba la voz de la actriz, pero ¿por qué la habían engañado? Si Marni Nixon estaba contratada desde mayo, ¿por qué le habían hecho creer en todo momento que sería su voz la que se utilizaría en la película? Estaba muy dolida. Todo su trabajo resultaría invisible para el público, Audrey no sería Eliza en las escenas musicales. Habían sustituido su voz por la de una soprano de ópera que ni siquiera tenía nociones de interpretación. La técnica era perfecta, sí, pero ¿y el sentimiento? ¿Y la continuidad emocional del personaje?

Una infernal ola de calor invadió Los Ángeles aquel verano. Aquello y las intensas jornadas de rodaje la dejaron completamente exhausta. Y para colmo, su anillo de casada desapareció. Lo había dejado, como cada mañana, en su bolsa, con todas sus cosas. ¿Cómo era posible? Nadie podía entrar en su camerino. Tardó unos minutos en dar la voz de alarma. Antes quería estar segura, de modo que se encerró en el cuarto y no dejó ningún rincón sin revisar. Cuando ya todos los bolsillos quedaron del revés y todos los cajones fuera de su sitio, tuvo que aceptar el hecho de que alguien había robado el anillo de diamantes que simbolizaba su unión eterna con Mel. Con amargura, no pudo evitar la idea de que el universo estaba intentando decirle algo.

Audrey terminó con el rodaje hacia finales de año, totalmente desencantada. Y se dio cuenta de que no tenía unos brazos a los que acudir para reconfortarse, pues Mel estaba enfrascado en la preparación de una película que rodaría en España durante el año siguiente. A la decepción profesional tuvo que sumar una mayor y más dolorosa que era innegable: su matrimonio pendía de un hilo. Sentía que su marido ya no estaba. A veces parecía que se empeñara en levantar una carrera que, de manera natural, iba en declive. La humildad innata de Audrey le impedía comprender la ambición de Mel. ¿Por qué se preocupaba tanto por su carrera? Se querían, no les faltaba de nada y tenían a Sean. Imaginaba la situación invertida y estaba segura de que a ella no le habría importado quedarse en un segundo plano. Y en esos momentos la abrumaba la pena y volvía a engañarse a sí misma con respecto a Mel: ella no iba a dejar que su matrimonio se rompiera, era lo más importante de su vida junto con su hijo. Así que lo acompañó, durante todo el año siguiente, en todos sus viajes.

Sean ya había cumplido cuatro años, por lo tanto había que pensar en establecerse en algún lugar tranquillo en el que su hijo pudiera educarse lejos del ruido. Audrey quería una escuela de habla francesa y, después de diez años en Villa Bethania, compró junto con Mel una antigua casa de campo a pocos kilómetros de Ginebra. Era una mansión de piedra, construida unos doscientos años atrás, rodeada de huertos y jardines, y era el lugar perfecto para pasar más tiempo en casa y dedicarse plenamente a su familia. En La Paisible, que así se llamaba la casa —«el lugar apacible»—, retomó el contacto con la vida tranquila.

Únicamente se ausentó en otoño para rodar en París su tercera película con Wyler, acompañada esta vez por el actor Peter O'Toole. Se llamaba *Cómo robar un millón* y ella era la hija de un falsificador de arte que planea un robo. Mel fue a visitarla durante el rodaje y pasaron un fin de semana juntos: la nueva casa y la vida apacible que prometía el cartel de la entrada los había vuelto a unir. Y también el nuevo proyecto de Mel: quería realizar una cinta protagonizada por una mujer ciega acosada por unos criminales. Estaba intentando adquirir los derechos de la obra de teatro y, aunque el proyecto no era más que un embrión, Audrey aceptó trabajar bajo las órdenes de su marido, que sería el productor. Se trataba de *Sola en la oscuridad.* En París, durante largos paseos, imaginaron juntos los detalles de la nueva película, y también fue allí, poco después de aquella visita de Mel, donde Audrey supo que volvía a estar embarazada. ¿Cómo evitar los nervios, la ilusión, el temor? No dejaba de recordar los embarazos anteriores que no habían llegado a buen puerto. Era imposible desprenderse de eso.

Aquel año celebraron las primeras navidades en La Paisible. Audrey se encargó personalmente de decorar la casa y de enviar tarjetas a sus amistades. A su madre, como ya había hecho en alguna ocasión, le mandó dinero. La baronesa Ella van Heemstra acababa de dejar Londres para instalarse en San Francisco con su nueva pareja, el guionista Leonard Gershe; allí se dedicó a recaudar fondos para ayudar a los veteranos de la guerra de Vietnam a reincorporarse a la vida civil. Y durante un breve período Audrey pensó que su vida estaba volviendo a su cauce. Mel había recobrado el entusiasmo con su nueva película y eso les había devuelto la complicidad de los primeros días, cuando eran una pareja de jóvenes ilusionados que alquilaban un piso en Greenwich Village. Y además, Sean pronto tendría un hermanito. Pero el nuevo año empezó mal.

En enero de 1966, Audrey sufrió otro aborto. El tercero. Esta vez ocurrió deprisa, al menos tuvo ese consuelo, pero Audrey se quedó sin palabras, sin aire, sin alma.

Hicieron falta cuatro meses y el sol de la primavera para que empezara a recobrar el ánimo. Salía a caminar por las mañanas, por la tardes nadaba. Sumergirse en el agua era para ella como regresar al útero materno y la relajaba. De nuevo, se refugió en el trabajo, había aceptado participar a partir de mayo en su tercera película con Stanley Donen.

Convertirse en Joanna era un desafío emocional. *Dos en la carretera* narraba el recorrido de una pareja a lo largo de doce años de relación, los mismos que llevaba ella con Mel. Trataba temas difíciles. Hablaba de la infidelidad, de la rutina, del hartazgo y de las falsas esperanzas. De la erosión del paso del tiempo, de la bifurcación de un solo camino en dos con direcciones opuestas. ¿No era aquello lo que le estaba pasando con su marido? Era realmente paradójico que ese papel le llegara justo en aquel momento de su vida. Cuando leyó el guion, Audrey se dio cuenta de que Joanna se parecía mucho a ella, y eso la asustó.

Cuando dejó La Paisible para empezar el rodaje en el sur de Francia la hierba de la primavera había empezado a crecer y rodeaba la casa. Sonrió emocionada observando a Sean, que corría por el jardín, feliz, ajeno a las inquietudes de su madre. Y de nuevo la asaltaron las dudas de si estaba haciendo lo correcto.

Con Albert Finney, su esposo en la ficción, la química era incuestionable. Y estar rodando lejos de casa también le permitía alejarse de los problemas con Mel, que poco a poco volvían a acechar su matrimonio. Allí no tenía que lidiar con eso. Allí era libre, aunque esa libertad solo durara el tiempo que les llevara hacer la película. Con Albert se sentía totalmente desprovista de preocupaciones, y Audrey ya había tenido bastantes en los últimos meses. No podía prohibirse algo así. Lo pasaban bien. Cenaban juntos, iban a la playa solos o ensayaban en privado. La relación con Albert fue una de las más íntimas que Audrey había tenido nunca. El escritor Irving Shaw, que asistió al rodaje de la película, explicó:

> Audrey y Albie tuvieron una maravillosa aventura juntos. Parecían un par de chiquillos compartiendo la clase de bromas y la mutua complicidad que excluyen a los demás. Y cuando Mel aparecía, tanto ella como Albie se ponían muy formales, como si de repente tuvieran que comportarse como adultos.

Su idilio se hizo añicos con una llamada telefónica desde España, donde Mel estaba con Sean. Le exigió que cortara inmediatamente la aventura con Finney o presentaría una demanda de divorcio por adulterio. Audrey sintió que no podía respirar. ¿Cómo? Durante muchos años ambos habían permitido o hecho la vista gorda a flirteos y aventuras extramatrimoniales del otro. ¿Por qué esta vez había reaccionado de esta manera? Las publicaciones de la prensa sobre el romance habían provocado la ira de Mel, que argumentaba que ahora tenían un hijo al que había que proteger. Aquello podía acarrearle problemas serios a Audrey con la custodia de Sean, algo que no podía permitir y pasaba por delante de cualquier otra consideración, así que puso fin inmediatamente a la historia con Albert.

En ese tenso clima matrimonial, a los pocos meses de filmar una película que resumía bastante bien la crisis por la que atravesaba su matrimonio, embarcó hacia Los Ángeles para rodar, con Mel como productor, *Sola en la oscuridad*. Qué rápido podía cambiar todo: aquella película había sido un proyecto feliz que habían perfilado bajo la llovizna parisina, y previo a la noticia de su cuarto embarazo... Ahora, todo eso era oscuridad. Así que la ceguera del personaje y la dureza de algunas escenas, en las que acababa golpeada y magullada, convirtieron aquel rodaje en una profunda catarsis. Desde su hotel de Beverly Hills, Audrey llamaba todas las noches a La Paisible para hablar con Sean, que ya tenía seis años y, según las propias palabras de Audrey, lo habían «dejado en casa (muy a mi pesar) porque no quería dejar su nuevo colegio y alejarse de sus amigos. Creo que ha sido la mejor decisión para él, aunque dura para nosotros». Solo Dios sabía cuánto lo echaba de menos. El deseo de abrazarlo era proporcional a la enorme distancia que la separaba de él. La factura de teléfono ascendió a varios cientos de dólares, pero aquello le importaba muy poco. Quería escuchar la voz de su hijo, y quería que su hijo escuchara la suya. Por suerte, los horarios de rodaje y el equipo con el que coincidió ayudaron a crear una atmósfera agradable y, a pesar de encontrarse en Estados Unidos, todos los días, a las cuatro, hacían un parón para tomar el té. Aquello la hacía sentir un poco en casa.

En cuanto terminó el rodaje, Audrey volvió con Sean, no quería alejarse de él durante mucho tiempo. Lo tenía claro. Mel siguió con sus compromisos profesionales, pero ella decidió que, mientras su hijo fuera a la escuela, escogería cuidadosamente sus viajes. Se había sentido tan desgraciada lejos de él mientras rodaba *Sola en la oscuridad*... esta vez sí dejaría completamente de trabajar. Durante esos días, comentó a la prensa:

> Pasará bastante tiempo antes de que trabaje en otra película, porque le he prometido a mi hijo al menos dos mil horas de mi tiempo.

Cuidar los rosales del jardín, ayudar a Sean con los deberes o cocinar se convirtieron en el nuevo guion de Audrey. Era ama de casa a tiempo completo. Qué satisfacción poder dedicarse a los placeres sencillos. Había encontrado su sitio, estaba donde debía. En julio de 1967 llegó la que quizá fuera la última oportunidad para su matrimonio con Mel: Audrey se quedó embarazada. Pero volvió a perderlo a los pocos días. Ese mismo verano, sentó a su hijo en el sofá y, mirándolo con ternura, con la serenidad de haber tomado la decisión adecuada, verbalizó lo que tanto tiempo llevaba gestándose en La Paisible:

—Papá y yo nos vamos a divorciar. Nos queremos mucho, pero no nos entendemos. No es culpa tuya, cariño.

Aquello último era especialmente importante. Audrey sabía muy bien que los niños a veces se sienten culpables ante la separación de los padres y no quería que su hijo sintiera ni un ápice del dolor que ella había sentido cuando Joseph se marchó de casa. Ella tenía la misma edad que su hijo ahora y le había llevado años soltar aquel lastre. A pesar de una sensación de fracaso e impotencia, Audrey estaba convencida de estar haciendo lo correcto. Presentó la demanda de divorcio y a los pocos días Mel se marchó de casa. Semanas más tarde, se instaló en Estados Unidos. Después de trece años de relación, su matrimonio se había terminado. Con el tiempo, durante una entrevista, Audrey explicó su decepción:

> Pensaba que un matrimonio entre dos personas buenas que se aman debía durar hasta que una de ellas muriera. No puedo expresar lo desilusionada que estaba.

Audrey había hecho todo lo posible para que Mel no se sintiera eclipsado por su éxito, pero no podía entrar en la cabeza de su marido para explicarle que no vivía a la sombra de Audrey Hepburn, sino junto a ella. Y él nunca pudo superar el hecho de que jamás sería una estrella de la talla de Audrey. «Uno siempre espera que si ama a alguien lo suficiente, todo podrá arreglarse. Pero no siempre es cierto», se repetía a sí misma.

En cuestión de muy pocos meses, la vida de Audrey había dado un vuelco: treinta y nueve años, divorciada, con un hijo, sola en una gran casa en Suiza con el personal de servicio, lejos de los focos y de la vida social que tantas satisfacciones le había dado. ¿Era así como empezaba la segunda vida de Audrey Hepburn? ¿Realmente deseaba esto? Era una pregunta recurrente en aquellas semanas en las que se sentía tan sola. Aunque estaba convencida de haber hecho lo correcto, no podía evitar echar de menos a Mel. Durante catorce años había tenido a alguien a su lado, alguien que la había acompañado en su vida personal y profesional. ¡Lamentaba tanto que todo hubiera acabado de aquella manera...! Y su tristeza perenne, esa gota amarga que regularmente caía en su estómago, la cegaba ante su éxito, ante Sean, y le hacía pensar que la vida estaba conformada por continuos desengaños. Fueron unas semanas difíciles en las que, como siempre que había tenido crisis nerviosas, volvió a fumar demasiado. Y como en tantas otras ocasiones, también perdió el apetito. Pensó que lo mejor sería salir de allí, viajar con Sean.

Irían a visitar a amigos durante las vacaciones escolares o los fines de semana. Y para sentirse en familia, Italia era la mejor opción.

Adoraba la vida que podía llevar en ese país: se divertía, conocía a gente interesante cada día, asistía a fiestas, se relacionaba y se dejaba querer. Estaba disfrutando de la libertad que sentía que había reconquistado a raíz de su divorcio. En el verano de 1968 se embarcó en un crucero por las islas griegas. Recorrería el Mediterráneo a bordo del yate de la princesa suiza Olimpia Torlonia y su marido, junto con otros invitados. Serían ocho días de sol, aire marino y animadas charlas. Lo cierto es que le apetecía mucho.

Y en mitad de la tranquilidad veraniega, a bordo de la lujosa nave, Audrey se percató de la mirada insistente de un hombre alto, juvenil y apuesto, elegante, alegre. Era Andrea Dotti, quien sentía un interés genuino en ella. Audrey estaba decidida a proteger su recién rescatada libertad, a resguardar su corazón de galanes salados, pero con el paso de los días, charlando con él, descubrió que poseía una gran inteligencia y sensibilidad. Era psiquiatra, tenía treinta años y su especialidad era la personalidad depresiva. Las conversaciones entre ellos parecían no tener fin. Cuando un entrevistador le preguntó por su nueva pareja, Andrea Dotti, Audrey contestó:

> ¿Sabe lo que se siente cuando a uno le cae un ladrillo en la cabeza? Esa fue la sensación que me produjeron mis sentimientos por Andrea en un principio. Sucedió inesperadamente.

Tras la tremenda desilusión con Mel, Audrey no esperaba enamorarse tan pronto. Pero lo hizo. En algún lugar entre

Éfeso y Atenas, aquel amor se había consolidado. ¿Cómo era posible que hubiera ocurrido tan rápido? Solo había pasado una semana con él y ya sentía que lo conocía de toda la vida. Quedaron en volver a verse y así lo hicieron, varias veces, en Roma, donde él vivía. Y hacia finales de año Andrea visitó La Paisible. Si querían seguir adelante era importante que Sean aceptara a Andrea, pensaba Audrey. Era primordial dar aquel paso para saber si podían continuar o no con su historia. Sean era lo primero, así que lo más importante era asegurarse de que el niño aceptara a este desconocido en la vida de ambos.

Sean tenía nueve años, y toda la inquietud que sentía Audrey por aquella primera toma de contacto se desvaneció al ver que su hijo, alegre y despierto, no solo no vio ningún problema en la llegada de Andrea a sus vidas, sino que lo tomó, desde el principio, como un amigo adulto. Sean seguía visitando a su padre en la casa que este tenía en Marbella, era importante que nunca perdiera el vínculo con él. Mel seguía presente en la vida de su hijo, y aquello supuso cierto alivio para Andrea, que en ningún caso tendría que ejercer de figura paterna.

Andrea pasó las navidades de ese año con ellos en Suiza. Apenas habían podido estar separados desde que se conocieron. Y después de la cena de Nochebuena, él sacó una cajita del bolsillo de su americana y se la ofreció a Audrey. Ella la abrió con delicadeza y descubrió en su interior un anillo de compromiso con un diamante blanco. Los dos se miraron. Andrea le pidió que se casara con él. Era una locura, pero lo cierto es que no tenía motivos para pensar que nada pudiese ir mal. El hombre al que amaba le estaba proponiendo matrimonio: ¿se podía ser más feliz? Al momento le contestó que sí.

Desde niña, Audrey había soñado con tener hijos. Sean Ferrer llegó al mundo el 17 de julio de 1960 (arriba a la izquierda). Poco tiempo después, la actriz compaginó la maternidad con uno de los papeles más icónicos de su carrera: la extrovertida Holly de Desayuno con diamantes *(arriba a la derecha). Y aunque Audrey era feliz con su hijo, la relación matrimonial se deterioraba al tiempo que crecía su fama. Poco tiempo después de rodar con Mel* Sola en la oscuridad *(abajo a la izquierda), Audrey pidió el divorcio. Al poco empezó una nueva vida con Andrea Dotti, con el que contrajo matrimonio el 16 de enero de 1969 (abajo a la derecha).*

En la pared de la oficina de correos de Tolochenaz-sur-Morges, el 6 de enero de 1969, entre todos los anuncios de boda que la ley suiza obligaba comunicar, había uno en el que se podía leer:

> Andrea Paolo Mario Dotti, 30, médico psiquiatra, y Audrey Kathleen Hepburn, 39, ciudadana británica.

Solo diez días después, vestida de rosa por su incondicional amigo Givenchy, Audrey dio el «sí, quiero» a Andrea Dotti en una ceremonia privada en el ayuntamiento suizo de Morges. Sean aplaudía mientras los novios cortaban la tarta. Aquello cogió por sorpresa a muchos amigos de Audrey, que no tenían ni idea de todo lo que había vivido en el último año.

Tras pasar la luna de miel en La Paisible, la hermosa casa se quedó como lugar de retiro para vacaciones y fines de semana. La baronesa se haría cargo de la finca. Ellos se mudaron a Roma, donde Andrea ejercía como psiquiatra y catedrático universitario y donde Audrey ejercería de madre y esposa a tiempo completo. No le importaba no volver a rodar, llevaba trabajando sin cesar desde su adolescencia y ahora había decidido que le apetecía dedicarse a su familia, no quería otro fracaso como el que había sufrido con Mel, estaba enamorada y deseaba disfrutar de su marido y estrechar el vínculo de su hijo con él. Ser feliz junto a los suyos, tener una vida tranquila y serena.

Desde la terraza de su ático romano cerca del Ponte Vittorio, Audrey disfrutaba a menudo de las vistas del castillo de Sant'Angelo. Lo hacía por las mañanas, después de despedir a Andrea y Sean, que se marchaban al trabajo y a la escuela. Aquella ciudad era fascinante. La idea de forjarse una nueva vida en Roma la ilusionaba. ¿Cómo iba a imaginar, solo un año atrás, que estaría donde estaba, compartiendo la vida con un psiquiatra italiano, viviendo en la ciudad que la había convertido en una celebridad? Estaba a punto de cumplir cuarenta años y se sentía eufórica. Tras una agitada vida de bailarina y actriz, había llegado hasta ahí. Y lo cierto es que hacía tiempo que no se sentía tan feliz.

Todo había ido tan rápido que cuando, en junio de 1969, se enteró de que volvía a estar embarazada, le pareció casi normal. Era solo un paso más en aquella locura maravillosa. Su alma ya sabía de sobra cómo acoger la noticia: con ilusión, pero con mucha prudencia y cautela. Audrey se volcó en su embarazo. Esta vez no estaba trabajando, de modo que todo lo que hiciera a partir de ese momento sería en función de su nuevo estado. Cuidaría su salud y la vida de la nueva criatura por encima de todo.

Pasaron las primeras semanas, las de más riesgo, y luego los primeros meses, y su barriga fue aumentando visiblemente. Todo iba bien. Junto con Andrea decidieron que ella se marcharía a La Paisible en cuanto el embarazo llegara a los seis meses. Así lo hizo. Su casa de ensueño se convirtió en su útero durante la recta final, en el útero de su útero. Y mientras su vientre crecía, Audrey se dedicó a leer, a dibujar, a cuidar el jardín. Todo su mundo estaba creciendo otra vez. Como todas las ocasiones anteriores en las que su vida se había desmoronado, Audrey se había levantado y la había vuelto a construir, sin perder nunca de vista su verdadero sueño: tener hijos. Formar su propia familia.

5

UN RETIRO VITAL

Nunca he sido tan feliz como en los setenta...
Me alegro de haberme perdido lo que ha estado
ocurriendo en el cine durante los últimos ocho años.

AUDREY HEPBURN

En la imagen de la página anterior, Audrey paseando a su segundo hijo, Luca Dotti, en 1970. En esta década, la actriz fue feliz dedicada a la crianza y educación de sus hijos y totalmente alejada de las cámaras. En eso también fue distinta a todas las demás estrellas del firmamento hollywoodiense. Ofertas no le faltaron, pero ella tenía claro cuál era su prioridad y a qué quería dedicar toda su vitalidad.

Las tranquilas y breves calles de Tolochenaz y el frío suizo acompañaron el segundo embarazo de Audrey, quien a fin de año presumía ya de una prominente barriga. A Sean, que por aquel entonces tenía nueve años, le encantaba acariciarla. Y a Audrey aquel embarazo la hacía sentirse feliz por muchos motivos. En primer lugar, le curaba un poco el alma herida por sus cuatro anteriores abortos, cuya huella seguía marcada en su cuerpo pero sobre todo en su memoria. Además, le iba a dar por fin un hermano a Sean —¡qué ganas tenía de verlos crecer juntos!—, y servía para consolidar su amor con Andrea, al que había conocido hacía poco más de un año.

Pasó las últimas diez semanas en cama, hizo todo lo que le dijeron que debía hacer para asegurarse de que nada pudiera fallar, hasta que el 8 de febrero de 1970 se sometió a una cesárea programada y el pequeño Luca Dotti llegó al mundo. Cuando cogió al bebé en brazos por primera vez, Audrey revivió la felicidad que había sentido cuando había nacido Sean. ¡Hacía tanto tiempo...! ¡Habían pasado tantas cosas…! Pero la emoción era exactamente la misma. Aquel pequeño le parecía el ser más perfecto de todo el planeta.

Antes de marcharse a casa, los médicos le aconsejaron que, debido a su edad y sobre todo a su historial médico, procurase no volver a quedarse embarazada. Pero aquello no ensombreció ni un ápice su recién estrenada felicidad como madre de dos hijos, pues, aunque siempre había querido tener muchos más, en aquel momento solo podía observar a Luca y agradecer al universo por haberle dado lo que más deseaba.

Durante los primeros días se centró en coger fuerzas y cuidar de Luca y Sean. Tenían previsto que Andrea se marchara a Roma para continuar con su trabajo en el hospital y en la universidad, mientras que Audrey se quedaría con los niños en Tolochenaz y vería a su marido los fines de semana que este viniera a visitarlos. Pero después de tres meses viviendo en aquella rutina, y al darse cuenta de que apenas vería a Andrea un fin de semana al mes, o con suerte alguno más, Audrey pensó que lo mejor para construir una verdadera vida familiar era regresar a Roma junto a él. Y así lo hizo, en mayo de aquel mismo año.

Los Dotti-Hepburn se instalaron en un ático en el centro de Roma, entre cuyas paredes todavía se podía respirar la grandeza y la elegancia de la Italia antigua: mil cuatrocientos metros cuadrados de mármoles, techos altos e incluso algunos frescos que aún se conservaban de cuando había sido residencia religiosa. Mientras Audrey dedicaba todo su tiempo a disfrutar de la familia, su representante de vez en cuando le hacía llegar guiones, pero todos acababan corriendo la misma suerte y regresaban de vuelta por el mismo lugar por el que habían venido. Audrey estaba desaparecida de la vida pública, pero muchos aún la buscaban. A pesar de estar bastante desconectada, le habían llegado voces de algunos que consideraban su elección como un camino equivocado, como si la que ella había elegido fuera una existencia tediosa. ¿Cómo podía elegir quedarse en casa cuidando a los niños en lugar de brillar antes las cámaras y ejercer de estrella del celuloide? Respecto a eso, Audrey afirmó:

> Es triste que la gente piense que es una existencia aburrida, (pero) uno no puede limitarse a comprar un piso, amueblarlo y marcharse. Son las flores que eliges, la música que pones, la sonrisa que tienes aguardando. Quiero que sea alegre y agradable, un refugio en este mundo turbulento.

No quería perderse un minuto de sus hijos, quería educarlos y cuidarlos. Ser la madre y el padre que ella no tuvo. Vivir su día a día alejada del mundo ilusorio del cine. Audrey, que había sido una estrella con los pies en el suelo, quiso también vivir la maternidad sin intermediarios. Buscó la autenticidad hasta el final. Siguiendo su instinto y viviendo la sencillez de la cotidianidad. No necesitaba más. En sus palabras:

> Creo que todos necesitamos tiempo para vivir, para invertirlo en las cosas que más queremos. Para mí, es cuidar de mis hijos. Los chicos crecen solos, desde luego, pero necesitan que les dé amor. Eso es algo que no pueden hacer por sí mismos.

Algunas mañanas acompañaba a Andrea a sus recepciones en el hospital; Audrey ponía verdadero interés en el trabajo de su marido. Le fascinaba aquella disciplina. Andrea no solo era divertido y responsable, sino que además era un gran profesional, y eso la enorgullecía. Y todas las tardes, recogía a sus hijos del colegio, ayudaba a Sean con los deberes y jugaba con Luca, les leía libros, los llevaba al cine o a casa de sus amigos. La educación y el bienestar físico y emocional de Sean y Luca eran su prioridad. Ya de adulto, Sean describió así a su madre por aquella época:

> Mis amigos esperaban a alguien increíble y se encontraban con una persona normal. También tenía muy claro qué esperaba de nosotros... Era tan dulce como fuerte, una verdadera mano de hierro en un guante de seda.

Solo había una cosa que enturbiaba aquella plácida existencia. Desde que descubrieron su domicilio, el colegio al que asistían los niños y todo lo que tenía que ver con su día a día, los *paparazzi* acosaban a Audrey a cualquier hora y en cualquier lugar. ¿Era aquel el precio de la fama? Y mientras ella intentaba dar a sus hijos una vida normal lejos de los focos, los fotógrafos y periodistas no tenían reparos en dirigirse incluso a los pequeños, que más de una vez habían acabado llorando. Luca todavía era un bebé y Audrey se lamentaba de que apenas podía llevarlo con tranquilidad al parque, o sentarse con él en una terraza sin que viniera alguien a importunarlos. Siempre había alguien observándolos desde detrás de algún coche o de cualquier árbol, y eso a Audrey la contrariaba profundamente. Quería estar con sus niños con normalidad y que no tuvieran que asustarse por nada.

El ático de los Dotti era a menudo lugar de reunión de invitados que venían a cenar o compartir veladas con el matrimonio, y aunque a Audrey no le hacía especial ilusión tener la casa llena de gente, había descubierto que a su marido le encantaba que todos la conocieran; a veces sentía que, en cierta manera, le gustaba «presumir» de esposa. De vez en cuando se comportaba como un niño, pensaba para sus adentros. Las veladas que ella de verdad disfrutaba eran las reuniones en *petit comité* con sus verdaderos amigos, los de siempre: la escritora Kathryn Hulme y la hermana Lucas, el matrimonio Peck o William Wyler. Con todos ellos y con la gente del entorno de Andrea continuó relacionándose incluso después de mudarse, pues al poco tiempo vendieron el ático romano y se trasladaron a un apartamento más pequeño, aunque igualmente lujoso, en una zona con más parques y zonas verdes para los niños.

Entre todas aquellas visitas, en otoño de aquel año contactó con ella un representante europeo de Unicef, el Fondo Internacional de Naciones Unidas para la Ayuda de la Infancia. Estaban preparando un programa especial de Navidad para recaudar fondos. Consistía en un documental en el que ella aparecería representando a Italia y explicando el mito italiano de la Befana, la bruja que reparte regalos y dulces a los niños durante la madrugada del 6 de enero. Audrey llevaba tres años alejada de los focos y no tenía intención de volver por el momento, pero pensó que aquella era una ocasión adecuada para aprovechar, de una vez, su popularidad por una buena causa. Además, tenía un motivo personal: Unicef era la sucesora de la UNRRA, el Programa de las Naciones Unidas para el Socorro y la Ayuda que llevó cajas de comida, mantas y algo de humanidad a Arnhem cuando acabó la guerra. Ahora tenía la ocasión de manifestarles su gratitud, y lo hizo poniéndose ante las cámaras tras mucho tiempo desaparecida de escena. Unos años más tarde, volvería sobre esta idea con sencillez:

> Puedo dar testimonio de lo que Unicef significa para los niños y niñas, porque yo estaba entre los que recibieron alimentos y ayuda médica justo después de la Segunda Guerra Mundial. Tengo una larga gratitud y confianza por lo que hace Unicef.

Así que el 22 de diciembre de 1970 se emitió *A World of Love*, en el que, además de Audrey, aparecían compañeros de profesión como Shirley MacLaine, Julie Andrews, Richard Burton y Barbra Streisand, entre otros. En el especial, Audrey cantó y habló en perfecto italiano con un grupo de niños que habían sido rescatados de la pobreza. Aquello sirvió para que la prensa elucubrara sobre su posible retorno a la vida pública, pero ella se apresuró a poner fin a todas las habladurías. Para Audrey no era en absoluto un regreso al mundo del espectáculo, sino una experiencia renovadora: se había dado cuenta de que, aun habiendo cumplido su sueño de ser madre, ella tenía mucho amor para dar. Y sobre todo, allí fuera había mucho trabajo por hacer. Desde entonces, Audrey ya no olvidaría el abrazo que los niños le dieron al final del especial.

Durante los siguientes cinco años, Audrey solo se puso delante de las cámaras una vez más para rodar un anuncio comercial de un minuto en Tokio. El resto de su vida siguió como ella la había planeado desde que se había instalado en Roma, una vida dedicada por completo a sus hijos.

Sin embargo, a principios de los setenta la ciudad que había elegido para su familia ya no era la misma. El secuestro en 1973 del nieto del magnate John Paul Getty, al que la mafia calabresa cortó una oreja como advertencia para que la familia pagara, disparó las alarmas. Aquella imagen horrorizaba a Audrey. Lo peor de todo era que no se trataba de un hecho aislado, sino que por aquella época empezaron a producirse varios secuestros en la capital italiana, muchas veces atribuidos a la mafia. Las víctimas solían ser los hijos de celebridades o ciudadanos adinerados. ¿Estarían ellos en la lista? La tensión se palpaba en el ambiente: hacía solo un año se podía caminar de noche tranquilamente por las calles, y ahora ya no se atrevían. De hecho, habían contratado a dos guardaespaldas para poder salir más tranquilos. Pero poco después, la violencia en las calles de Roma se incrementó con la aparición de las Brigadas Rojas, una organización terrorista que a mediados de los setenta se radicalizó y también comenzó a secuestrar a empresarios y personajes públicos.

Cada día que pasaba, cada noticia que aparecía en la prensa, convencía un poco más a Audrey de que aquella no era la vida que quería para sus hijos. Un día la policía avisó a Audrey y Andrea de la posibilidad de que Luca y Sean estuvieran siendo espiados y de que tal vez los estuvieran siguiendo por la calle. A los pocos días, el teléfono sonó y, casualmente, fue Audrey quien lo cogió:

—¿Señora Dotti?

—¿Quién habla? —Audrey no reconocía la voz.

—Es bueno saber que está en casa. Con sus niños. La calle es peligrosa. En la calle pueden pasar cosas.

—¿Quién habla? —preguntó de nuevo, al borde del llanto.

Ninguno de los dos volvió a decir nada, pero siguieron así unos segundos más, cada uno oyendo la respiración del otro.

No fue la única llamada desagradable que recibió, y Audrey lo tuvo claro. Solo imaginar que pudiera pasarles algo a sus hijos la enloquecía. Ese mismo día preparó las maletas y al siguiente estaba, junto a Sean y Luca, en su refugio suizo.

Desde La Paisible se comunicaba a menudo con Andrea, por el que estaba muy preocupada. No entendía su insistencia en permanecer en Roma con aquel ambiente de agitación. Una tarde, cuando su marido salía de la clínica para regresar a casa, fue rodeado por cuatro hombres que intentaron arrastrarlo hasta un coche que esperaba cerca. La rápida intervención de unos *carabinieri* evitó el secuestro, pero la angustia de Audrey por aquel episodio era imposible de explicar.

La familia pasó unos meses separada. Audrey y Mel acordaron matricular a Sean, que ya tenía catorce años, en un internado en Suiza, y Luca, de solo cuatro, asistiría a una escuela en Tolochenaz, por lo menos hasta que la situación en Roma mejorase. Andrea iba a visitarlos algunos fines de semana, pero a Audrey no le gustaba que vivieran separados. Echaba de menos a su marido, aunque a veces intuía que el sentimiento no era recíproco. Andrea parecía estar cómodo con aquella distancia, haciendo su vida al margen de la de su mujer y sus hijos. Y Audrey sabía que la vida anterior de Andrea había sido la de un casanova. Cuando ese pensamiento aparecía en su cabeza, Audrey trataba de comprender y restarle importancia. Se convencía de que seguramente él los echaba de menos tanto como ellos a él. Con el tiempo aprendería a apreciar más todo lo que compartían.

Arriba, el pequeño Luca Dotti en brazos de su madre en 1970. Luca nació en Roma, pero pronto su madre, temerosa de las Brigadas Rojas y la mafia, que estaban cometiendo atentados y secuestros en la ciudad, decidió trasladarse con sus dos hijos a Suiza (abajo).

Aquel verano, a sus cuarenta y cinco años, Audrey volvió a quedarse embarazada. Fue una sorpresa mayúscula para todos, también para ella. Una cascada de emociones la invadieron: se sintió tremendamente feliz. Quizá Andrea regresaría a casa con ellos, ¡otro hijo! Pero Audrey detuvo ese torbellino de emociones en seco. Sabía desde el principio que era una gestación de riesgo, todos sus embarazos habían pendido siempre de un hilo, pero eso no evitó que reviviera de nuevo el vacío, aquel dolor tan presente en tantas ocasiones a lo largo de su vida. Era el séptimo embarazo. Y al poco tiempo se convirtió en su quinto aborto. Nunca se acostumbraría a ello. Tener hijos había sido para ella, en parte, una forma de curar su propia infancia. Perderlos, una forma de recordar que Audrey Kathleen Ruston-Hepburn siempre estaría un poco rota.

Recibió al poco la visita de su madre en La Paisible. La baronesa se instaló con ella y los niños. Su madre había cumplido setenta y ocho años, empezaba a tener problemas de salud y a requerir cuidados médicos, y a pesar de que Audrey intentó rodearla de todas las comodidades posibles, a veces sentía que sus caracteres no encajaban. La fría Ella van Heemstra seguía tratándola con cierta distancia, pero Audrey se consolaba pensando que, a estas alturas, era evidente que no sabía hacerlo mejor.

En enero de 1975 Audrey recibió un nuevo guion. Aunque llevaba años rechazando todo lo que le enviaban, su agente seguía mandándole propuestas, y a esta no se negó de inmediato. La trama no solo le pareció original, sino que la conmovió, y en el fondo creía que tenía algo que contar y mucho que ver con el momento vital en el que se encontraba. El guion de *Ro-*

bin y Marian, además de ingenioso, desprendía mucha ternura. Contaba el reencuentro de un Robin Hood y una lady Marian ya mayores. Él regresaba cansado y envejecido de las Cruzadas, y ella era la abadesa de una comunidad religiosa. Se le presentaba la posibilidad de interpretar nuevamente a una monja, aunque esta vez el tono era muy distinto. Con los gastos médicos de su madre y el mantenimiento de La Paisible, Audrey necesitaba reabastecer sus ahorros, y aquella película era una buena manera de hacerlo. Cobraría un millón de dólares por treinta y seis días de trabajo y rodaría con Sean Connery, que entonces luchaba por sacarse de encima a James Bond. Luca enloqueció cuando supo que su madre iba a rodar con el agente 007.

El pequeño, la niñera, su peluquera, su maquillador y un ayudante viajaron con Audrey rumbo a España, donde se rodó la película. A Audrey no le resultaba fácil ponerse delante de una cámara, ante la mirada de todo un equipo, después de tanto tiempo. ¿Habría perdido la práctica? Hacer cine no era como montar en bicicleta. Todo había cambiado mucho y muy rápido durante aquellos años. Viajó a España con el corazón en un puño. Ya nadie le consultaría prácticamente nada, los actores se limitaban a actuar. No le contarían los cambios de guion, ni visionaría los planos junto al director ni opinaría sobre determinados aspectos técnicos y artísticos de la película como había podido hacer antes. Iba a rodar un filme en un mes, cuando el rodaje más corto en el que había trabajado hasta entonces era de tres. Aquella metodología exigía mucha seguridad en los actores. Rodarían con varias cámaras a la vez, y todas las comodidades a las que estaba acostumbrada habían desaparecido, empezando por la simbólica silla de lona con el nombre de la estrella de la película, que había sido sustituida por una plegable de plástico. Durante sus años de ausencia, el mundo del cine había cambiado. El glamur de antaño se había acabado, así como la mayoría de los privilegios que había conseguido a lo largo de su carrera, y esos cambios tan profundos en el que había sido su hábitat durante tanto tiempo le generaron cierta sensación de inseguridad.

Con Sean Connery encajó a la perfección. Era muy amable con ella, así como el resto del reparto. Ni él ni Robert Shaw, Richard Harris ni el resto de los actores hicieron que se sintiera sola en ningún momento. La película, ambientada en la Edad Media y rodada con un ritmo frenético, se filmó en Pamplona en verano, así que un día se escapó junto a Connery para ver en directo los encierros de San Fermín.

Las habladurías desde Italia sobre Andrea Dotti interrumpieron la placidez del rodaje. La prensa había publicado fotografías de su marido en fiestas nocturnas, siempre acompañado por mujeres jóvenes. «Es su forma de relajarse. Tampoco puedo exigir que se quede en casa viendo la televisión cada vez que me voy», despachó Audrey ante un periodista que la interrogó sobre uno de aquellos episodios aireados por la prensa sensacionalista. Dijo aquello aunque, en realidad, ver esas fotografías le había roto el alma. No iba a desacreditar a Andrea en público, pero el daño que él le estaba haciendo con aquel comportamiento era inconcebible. En el *National Enquirer* insultaban a Andrea y a ella la etiquetaban como «una santa». Detestaba todo aquello. ¿Cómo podían haber llegado hasta ahí? Andrea aseguraba que todas aquellas mujeres eran solo amigas. Y a sus cuarenta y seis años, Audrey no se había imaginado que tendría que discutir sobre algo así. Estaba descubriendo, con tristeza, la verdadera naturaleza de su esposo: el brillante psiquiatra y jovial marido de Audrey nunca le iba a ser fiel.

Las descaradas infidelidades no eran deslices puntuales, y él no mostraba tener ningún sentimiento de culpa o arrepentimiento; llevaba la vida que quería, lo tenía todo, y desde luego la vida familiar no era su prioridad. Audrey estaba tan decepcionada... La angustiaba pensar en volver a pasar por otra separación, un nuevo divorcio, en que Luca tuviera que vivir algo así; por eso decidió no dar por acabado su matrimonio, al menos, por el momento. «Algún día, quizá, cambiará», pensaba. Decidió darle algo más de tiempo. La fuerza del amor podía transformarlo todo, ¿por qué no a él?

Cuando salió al escenario del Radio City Hall de Nueva York para el estreno de la película, en marzo de 1976, Audrey revivió la gloria de los tiempos pasados. Diecisiete años atrás, había estrenado allí mismo, con pocas semanas de diferencia, *Historia de una monja* y *Mansiones verdes*. Ahora era la gran fiesta medieval de *Robin y Marian* la responsable de su regreso ante los seis mil doscientos espectadores que llenaban la sala. La emocionaron la luz de los focos y un patio de butacas repleto que le aplaudía y coreaba al grito de «¡Te queremos!». ¡La gente siempre le había transmitido tanto amor...! Sentía mucha gratitud hacia todas aquellas personas, era algo sobre lo que reflexionaba muchas veces. ¿Qué había hecho ella para recibir tanto afecto? Simplemente hacía su trabajo, y era actriz; no era cirujana, no trabajaba para los demás, no salvaba vidas, no poseía conocimientos extraordinarios que ayudaran a avanzar a la humanidad... ¿cómo podía alguien con su profesión reunir tanta fama? ¿Podía utilizarla para hacer algo por las personas que necesitaban ayuda en tantos países del mundo?

Pocos días después extendió su regreso a la vida pública con su presencia en la ceremonia de los Óscar. El 29 de marzo de 1976, en el Dorothy Chandler Pavilion de Los Ángeles, Audrey era la encargada de entregar el Óscar a la mejor película, el premio más importante y esperado. Todas las miradas estarían centradas en ella, y más después de su larga ausencia. A pesar de que aparentaba serenidad, todo el cuerpo le temblaba por dentro. Y fumaba un cigarrillo tras otro para calmar la ansiedad, su bálsamo eterno, el aroma de la libertad. Andrea la acompañaba aquel día, pero todo lo que estaba pasando entre ellos hacía que Audrey no se sintiera cómoda ante la presencia de cámaras y periodistas, así que se negó rotundamente a asistir a la sala de prensa después de la transmisión televisiva de la gala. Pero, tras entregar el premio a la mejor película de aquel año a Saul Zaentz y Michael Douglas como productores de *Alguien voló sobre el nido del cuco*, tuvo que enfrentarse a las insistentes preguntas de la prensa, que la asediaban con cuestiones sobre su regreso:

> Nunca me fui de manera consciente. Siempre tuve la esperanza de rodar otra película. Lo que ocurre es que actuar no lo es todo para mí. Mi hogar es lo primero.

Douglas, emocionado, admitió que recibir el Óscar de manos de Audrey era casi tan importante como el premio en sí. Y unos minutos antes, en el momento de presentarla para que anunciara al ganador, Gene Kelly la había recibido con tiernas palabras: «Has estado lejos demasiado tiempo. Bienvenida a casa, Audrey». Ella pensaba mucho en todos los halagos, había personas verdaderamente contentas de verla de nuevo, la aclamaban, le regalaban palabras bonitas. En un homenaje a su gran amigo y descubridor William Wyler, poco después, Audrey habló franca y directa sobre su relación con los directores con los que había trabajado:

> Lo que todos mis directores tienen en común es que han conseguido hacerme sentir segura, hacerme sentir querida. Dependo por completo de su maestría. Yo era bailarina, pero consiguieron hacer de mí una actriz que gustara al público.

Aquello contrastaba tanto con su infelicidad matrimonial... Toda la seguridad que aquellos directores le habían transmitido era diametralmente opuesta a lo que le aportaba la relación con su marido. Andrea no solo no tenía previsto cambiar, sino que su comportamiento era cada vez más inadmisible. Y la paciencia de ella tenía un límite: su dignidad y la de sus hijos. Descubrir que su marido había estado con una de sus amantes en el hogar familiar, en su propia cama, fue lo que hizo que tirara definitivamente la toalla con respecto a él. No se podía luchar sola, a costa de la propia autoestima, por mantener el matrimonio. Y aquella tremenda falta de honestidad la entristeció tanto o más que la separación de Mel, porque era la segunda y porque constataba que la fuerza del amor no podía cambiar a todas las personas. En algún momento se culpó a sí misma por no haber sabido poner límites a su debido tiempo, pero ya era tarde para ello. De nada servía lamentarse, y aunque estaba muy triste se decía que el fracaso no la vencería, sino que la empujaría a luchar en otra dirección.

Durante la primavera de 1978, aunque de puertas para fuera seguía felizmente casada, Audrey presentó la demanda de divorcio, que no se haría efectiva hasta 1981. Ella, que deseaba formar una familia, tener una vida tranquila repleta de amor con su marido y sus hijos, tampoco había logrado su sueño esta vez. Sentía el tremendo peso del desengaño. Su ilusión, nuevamente, se había hecho trizas. Y esta vez era mucho más dolorosa, si cabía, que la anterior. Dos matrimonios, dos hijos, dos divorcios. Le recordaba al historial amoroso de su madre, quizá al final tenían en común más cosas de las que siempre había creído.

Aquello la sumió en un estado de melancolía permanente. Otra vez la vida le pesaba. Si no hubiera sido por el amor de sus hijos, a los que tanto quería y que tanto la necesitaban, quizá no habría valido la pena seguir en este mundo. Llegó a tener ese pensamiento, y se asustó. Nunca antes en su vida se había planteado algo así, pero una noche, en la soledad de su apartamento romano, mientras Sean y Luca dormían, la desesperación de Audrey la llevó a los pensamientos más oscuros. Unos años después, habló sobre esta época en una entrevista:

> Sufrir un aborto es desgarrador, pero también lo es divorciarse. Posiblemente sea una de las peores experiencias por las que puede pasar un ser humano. En mis dos matrimonios, aguanté con energía todo lo que pude, por el bien de los niños, y por respeto al matrimonio.

Sin embargo, Audrey nunca estuvo sola. Tenía a sus hijos, tenía multitud de amigos y gente que la quería, y tenía a su madre. Directores y productores seguían llamando a su puerta. Entonces le llegó un guion a través de Terence Young, que ya había dirigido a Audrey en *Sola en la oscuridad* y fue el único que consiguió interesarla de nuevo por un proyecto. Terence era su amigo, y Audrey conservaba agradables recuerdos de sus charlas en la hora del té durante el anterior rodaje. Quizá volver a trabajar con él no fuera mala idea. Además, aquello serviría para sacarla de su letargo y el estado ensombrecido en el que se encontraba. El nuevo guion, *Lazos de sangre*, contaba la historia de una superviviente. Y ¿no era ella precisamente eso? Basada en una novela en la que la protagonista tenía veintitrés años, se adaptó al cine para que Audrey, a sus cincuenta, pudiera meterse en la piel de una rica heredera que, tras la muerte de su padre, se convierte en la cabeza visible de un gran imperio farmacéutico y es perseguida por un asesino. Sobre la dificultad para que Audrey aceptara el papel, Young explicó:

> Hay que hacerle ver que se trata de un buen guion. Luego hay que insistir en el hecho de que no afectará a su vida personal, y que no destruirá la vida de sus hijos por pasar seis u ocho semanas lejos de ellos. Entonces, si tienes suerte, puede que empiece a hablar. Aunque lo más probable es que vuelva a su familia, a cocinar pasta para la cena, y te dé las gracias por haber pensado en ella.

Esta vez Audrey dio las gracias, pero aceptó el trabajo, sobre todo porque no la alejaría de sus hijos más de tres semanas, y el hecho de que su gran amigo Hubert de Givenchy fuera a vestirla de nuevo para este papel era sin duda otro gran aliciente. Los exteriores se rodaban relativamente cerca, y ahora que Sean se encontraba en la universidad en Suiza y Luca en el Liceo Francés de Roma, podía organizarse bien para estar cerca de ambos siempre que fuera necesario.

Cuando se inició la filmación de *Lazos de Sangre*, Audrey estaba nerviosa. Eran los nervios habituales del rodaje, como siempre, pero a veces se sentía un poco fuera de lugar en aquel nuevo mundo del celuloide. Y el hecho de que algunos de los miembros más jóvenes del equipo no se acordaran de sus películas corroboraba la idea que le rondaba la cabeza de que, quizá, los años dorados de Audrey Hepburn habían quedado muy lejos.

En realidad era la inseguridad que siempre la acompañaba, pues sus compañeros de rodaje sabían perfectamente quién era ella. Solo alguien que hubiera estado aislado del mundo durante los últimos treinta años podría no saber quién era Audrey Hepburn. Omar Sharif, Irene Papas o Ben Gazzara eran algunos de los actores que formaban el reparto de la película, y Audrey congenió con todos, pero especialmente con este último.

Durante el rodaje de unos exteriores en Cerdeña, Audrey descubrió a Gazzara leyendo un libro durante un descanso. Se quedó observándolo en silencio. Cuando por fin él advirtió su presencia, le dijo:

—Este libro me ayudó a dormir anoche.

—A mí también me cuesta dormir a veces. Cuando vuelva a pasarte, no tengas reparos en llamarme. Nos haremos compañía —le propuso Audrey.

Arriba a la izquierda, el regreso de Audrey al cine en 1976 junto con Sean Connery en Robin y Marian, *en la que interpretaban a un Robin Hood y una lady Marian ya mayores. Ese mismo año, Audrey fue la encargada de entregar el Óscar a la mejor película en la ceremonia de 1976 (abajo). Tres años después, en* Lazos de sangre *(arriba a la derecha), Audrey y Ben Gazzara vivieron un romance muy intenso y lleno de complicidad.*

Ben estaba casado, pero congeniaban bien, se habían convertido en buenos amigos y, por supuesto, Audrey sabía que había atracción mutua. Así que el beso que ambos se dieron ante la cámara fue tan real como lo que sentían el uno por el otro. Charlaban mucho, se contaban todo. ¿Era una amistad de rodaje o se estaba construyendo algo más? Audrey no sabía muy bien qué pensar, así que creyó que quizá lo mejor fuera no darle demasiadas vueltas. Durante un almuerzo en Múnich, Audrey se sinceró y le explicó las infidelidades de Andrea, su desilusión, todo el dolor, su fugaz pensamiento de dejar este mundo ante el abatimiento de las primeras semanas. Al poco, empezaron un apasionado romance.

Sin embargo, aquella historia duró poco. Se acabó, como tantas otras, cuando una de las partes cree que está construyendo algo mientras la otra simplemente disfruta del momento. Audrey y Ben entendían la relación de formas distintas. Fue la posibilidad de un nuevo gran amor para ella, pero solo un idilio de rodaje para él. Cuando la película terminó, Gazzara dio por sentado que también concluía la aventura. Unos meses después, cuando Audrey insinuó que podría sumarse al nuevo proyecto de Gazzara, este se apresuró a disuadirla. Admitió que, si bien su matrimonio estaba acabado, había otra mujer con la que se había comprometido. Una grieta más en el corazón maltrecho de Audrey.

Roma seguía siendo su hogar. Y allí se encontraba cuando se enteró de que Ben Gazzara estaba alojado en la ciudad. No vaciló al descolgar el teléfono y marcar con determinación el número del hotel. Pidió que le comunicaran con su habitación. Llevaban meses sin hablar. Reconoció su voz enseguida:

—Quiero verte —dijo Audrey.

—Lo siento, ahora estoy ocupado —contestó Ben escuetamente.

El rostro de Audrey se quedó inmóvil. Su boca enmudeció. Aquella historia estaba definitivamente acabada. Cuando el teléfono de casa sonó al cabo de un rato, ella supo perfectamente que era él, que querría explicarse, contarle cualquier cosa. Pero ella ya no tenía nada que decir. Así que simplemente descolgó y no dijo nada. Él respondió al silencio de ella con más silencio. Y así transcurrieron unos segundos eternos. Y así acabaron diciéndoselo todo. Antes de colgar, Audrey se despidió: «Adiós».

Había cumplido cincuenta años en mayo. Si echaba la vista atrás, y si quitaba los buenos momentos con Mel y Andrea, era evidente que no había sido muy afortunada con sus amores. Ni William Holden ni Robert Anderson habrían podido darle hijos, además de que cada uno arrastraba sus propios fantasmas. Y el *affaire* con Albert Finney podría haber hecho que perdiera la custodia de Sean. Ahora, Ben Gazzara se sumaba a la lista de decepciones. «No me preocupa la vejez, pero sí la soledad», admitió aquel otoño. Había conseguido todo lo que se había propuesto en la vida. Con esfuerzo, a veces con sufrimiento. Nadie le había regalado nada. Pero le faltaba el amor. No solo el amor romántico, sino el amor de la madurez: echaba en falta un compañero. Los cincuenta años eran la frontera, la puerta de entrada al resto de su vida, y no estaba dispuesta a recorrer esta nueva etapa sola.

6

SILENCIO INOLVIDABLE

Viajó hasta el rincón más pequeño. A menudo los niños estaban cubiertos de moscas, pero los abrazaba igualmente. Jamás había visto eso. Otras personas mostraban una cierta vacilación, pero ella simplemente los cogía. Los niños se acercaban para tomarla de la mano, tocarla. Era como el flautista de Hamelín.

JOHN ISAAC
Fotógrafo

En la imagen de la página anterior, Audrey en 1988, después de ser nombrada embajadora de buena voluntad de Unicef, en su primer viaje a Etiopía. La actriz recorrió más de veinte países del tercer mundo acompañando a los equipos de ayuda humanitaria y prestó su imagen para concienciar sobre el hambre y la pobreza infantil en el mundo.

Audrey se preguntaba dónde estaba el amor. ¿Es que hacía falta buscarlo? ¿No sería mejor dejarse ir y que viniera de la forma en la que tuviera que hacerlo? A comienzos de los años ochenta, cuando todavía no había encontrado alivio a sus decepciones, Audrey inició una luminosa catarsis.

A principios de la década, Audrey viajó a Los Ángeles para reunirse con el director de su próxima película, *Todos rieron*, en la que debía trabajar junto a Ben Gazzara. Volver a coincidir con Ben le hizo replantearse si aceptar o no el papel, pues aunque la relación ya estaba acabada, aún subsistía cierto dolor por aquel amor no correspondido. Primero lo aceptó, luego lo rechazó, y finalmente decidió que participaría. El generoso sueldo por solo seis semanas de rodaje, pero sobre todo el hecho de que su hijo Sean, que ya tenía diecinueve años, había sido contratado como ayudante particular del director, acabaron por convencerla. La película se rodaría entre abril y julio de aquel mismo año. Su personaje era el de una mujer dedicada enteramente a su hijo que tolera a un marido infiel y que en cierto momento encuentra consuelo en los brazos de otro hombre, con el que vivirá un fugaz romance. Aquella historia le sonaba de algo. ¿Tendría que ver con lo que acababa de vivir en los últimos tiempos? La verdad era que sí: años después, en su biografía, el director Peter Bogdanovich confesó que Ben le había contado su historia con Audrey y que había utilizado la aventura de ambos para reescribir por completo el personaje de ella.

Durante sus estancias en Los Ángeles, Audrey solía quedarse en casa de Connie Wald, que en los últimos años se había convertido en una de sus amigas más cercanas. Connie era la viuda del guionista Jerry Wald, con quien había formado una de las parejas más sociables del mundillo del cine. Habían sido los anfitriones de Hollywood, y Connie lo siguió siendo después de la muerte de su esposo. De modo que esos fríos días de enero, mientras Audrey terminaba de cerrar los flecos pendientes de su nuevo trabajo, Connie se dedicaba a organizar cenas con amigos y conocidos. Una de aquellas noches invitó al siempre querido William Wyler, a Billy Wilder, al escritor Leonard Gershe, con quien Audrey había trabajado en *Una cara con ángel*, y también a un tal Robert Wolders, un amigo de Connie que había enviudado hacía poco tiempo y a quien la anfitriona pretendía animar con aquella velada entre amigos. Audrey y Sean completaban la mesa.

Aunque no muy conocido, Robert Wolders era actor, tenía siete años menos que Audrey y, vaya, ¡era holandés! Transmitía al mismo tiempo una paz serena y cierta tristeza, pues no hacía ni dos meses que había perdido a su mujer, la actriz Merle Oberon. Audrey también estaba triste y tranquila aquella noche, en absoluto dispuesta ni preparada para sentir nada parecido al enamoramiento, ni siquiera una mera atracción. Pero la conversación con Wolders la trasladó a su niñez en Arnhem. Era increíble que ambos hubieran sufrido el invierno del hambre en Holanda, en 1944, a unos pocos kilómetros de distancia.

Robert le contó sus vívidos recuerdos de una tarde en la que su madre, para alejarlo de la destrucción de Rotterdam, lo llevó al campo montado en una bicicleta sin neumáticos y vio por los caminos largas hileras de gente vagando con todas sus pertenencias, camino de ninguna parte. Él tenía entonces ocho años. Audrey aún conservaba también aquellas imágenes grabadas en su memoria. Era imposible olvidar todo aquello. Se sintió de repente cerca de aquel hombre de una manera sosegada, sincera, pura. A los dos se les humedecieron los ojos ante sus copas recordando todo aquello, aunque en las lágrimas de ambos había mucho del momento roto en el que cada uno se encontraba: Audrey, en el final de un amor no correspondido, a la espera de la sentencia de divorcio de su segundo matrimonio; Robert, ante el abismo de la soledad y el vacío tras la muerte de su esposa, dolorosamente reciente. Audrey describió así aquel primer encuentro unos años más tarde:

> Ciertamente lo que hubo entre nosotros fue amistad a primera vista. Ninguno de los dos teníamos el estado de ánimo apropiado para enamorarnos. Ambos habíamos pasado por un período muy difícil y más bien triste. Pero al momento apareció una gran amistad y muchísima comprensión.

Robert le habló de Merle, Audrey le confesó que la había admirado mucho. Le contó que las dos habían coincidido años atrás, en casa de unos amigos, y que sorprendentemente habían mantenido una profunda conversación sobre el amor que la había ayudado mucho en aquel momento. La confidencia emocionó a Robert. Agradecía que Audrey le contara todo eso. Él rememoró un tiempo después aquella noche con estas palabras:

> Nos caímos bien inmediatamente. El nuestro fue un contacto normal y amistoso, nada más. Me resultó muy simpática, y ella realmente intentó hacer que me sintiera a gusto. Audrey había conocido y admirado a Merle. Comprendía que su muerte era una gran pérdida para mí y me animó a hablar de ella.

Pocos días después, antes de enfrascarse definitivamente en el rodaje de la película, Audrey viajó a Italia para ultimar los detalles de su divorcio con Andrea. Todo aquello resultaba tan doloroso... Papeles y más papeles, cláusulas, condiciones, cifras, propiedades... ¿Era aquello lo que quedaba tras diez años de matrimonio y vida en común? Sí, eso, pero también Luca. No tenía, ni mucho menos, nada de lo que arrepentirse.

Cuando en primavera viajó a Nueva York para iniciar el rodaje de la película, en la que su hijo ya desempeñaba labores de preproducción, recibió una llamada de Robert: Connie le había dicho que estaba en la ciudad y se preguntaba si Audrey tendría alguna noche libre para ir a tomar un café o volver a verse. Ella tenía todas las noches comprometidas con la filmación: «Va a ser imposible, lo lamento de veras...», le contestó Audrey.

Pero tras dos semanas de arduo trabajo en la película de Bogdanovich, Audrey descubrió que sí tenía una noche libre, así que devolvió la llamada a Robert. Habían pasado tres meses desde el encuentro en casa de Connie. Quedaron solo para tomar una copa en el Café Pierre, pues Robert se había comprometido para cenar más tarde con unos amigos. Audrey llegó directa del rodaje, hambrienta, y ante la sorprendida mirada de él devoró un enorme plato de pasta. Pasaron dos horas en un suspiro. Él se tuvo que marchar, era su última noche en Nueva York, pero se llamarían, por supuesto que se llamarían, y seguirían charlando de todo lo que se les ocurriera. No había barreras ni tensiones entre ellos, sino una tranquila y fluida sinceridad.

Las llamadas entre ambos se volvieron habituales. Hablaban casi cada día. Robert se convirtió rápidamente en su mejor amigo, en su confidente, y el sentimiento era recíproco. Era una verdadera suerte haber encontrado a alguien así en ese momento de su vida. Robert regresó a Nueva York antes de que acabara el rodaje y quedaron para cenar varias veces, incluyendo también a Sean en alguna ocasión. ¡Qué natural resultaba todo con Robert, qué cómoda se sentía! Desde luego, la vida le trae a uno lo que necesita cuando deja de oponer resistencia, pensaba Audrey. Y empezó a sentir que cada vez tenía más ganas de oírlo y de verlo, que lo tenía en sus pensamientos gran parte de las horas del día. Llegó a percibir aquel encuentro en casa de Connie como una salvación: Robert la había consolado en un momento en el que parecía que todo se estaba viniendo abajo. El acuerdo de divorcio, que todavía sobrevolaba su vida, pero en especial la cada vez más mermada salud de su madre, la llenaban de desesperanza algunos días.

Y justamente en el mes de julio, cuando Audrey ya estaba de vuelta en Tolochenaz, la baronesa Ella van Heemstra sufrió una apoplejía. Era la tercera de su vida. Su corazón se estaba apagando poco a poco. Audrey estuvo cuidándola día y noche a su regreso del hospital, pero a veces se sentía desfallecer. Tenía la impresión de que todos lo golpes llegaban a la vez. Era una suerte saber que podía contar con Rob.

En otoño de aquel mismo año, Audrey recibió una llamada, una de esas para las que nunca se está preparado. Joseph Ruston estaba gravemente enfermo, le contó Fidelma, la segunda mujer de su padre, y era posible que le quedaran pocos meses de vida. Audrey le había enviado dinero cuando lo había necesitado, pero desde aquel encuentro revelador en la recepción del hotel irlandés en 1959, solo se habían vuelto a ver una vez. En todo ese tiempo, la indiferencia de Joseph hacia su hija no había cambiado. A Audrey no le importaba: necesitaba viajar a Dublín, donde Joseph se despedía de la vida, para decirle adiós. Aunque nunca hubiera ejercido como tal, aquel hombre era su padre. Y sin pensárselo dos veces, telefoneó a Rob:

—¿Me acompañas a Dublín a hacerle la última visita a mi padre? —le preguntó.

Juntos volaron hacia Irlanda. El 16 de octubre de 1980 Audrey y Joseph se vieron por última vez. Se despidieron con pocas palabras. Incluso en el momento de su muerte Joseph fue incapaz de abrir su corazón ante su hija. Pero a Rob, a quien veía por primera vez en su vida, sí le habló con franqueza, seguramente con la esperanza de que él transmitiera su mensaje a Audrey:

> Él (Joseph) se confió a mí sabiendo, estoy convencido, que lo que me transmitía yo se lo transmitiría a Audrey. Dijo cosas extraordinarias sobre ella y sobre su pesar por no haberle dado más durante su infancia, por no demostrarle su amor.

Audrey ya intuía aquello, claro que lo intuía, siempre había querido creerlo. Pero ojalá hubieran salido alguna vez de la boca de su padre las palabras «Te quiero» o «¡Cuánto orgullo siento por ti, hija!».

La Paisible la esperaba a la vuelta para darle la paz que necesitaba. Y después de haberla acompañado en varios viajes, Rob se instaló con ella en su refugio suizo. Eran tan afines que nada significaba un esfuerzo. Ambos estaban a gusto en el campo y encontraban placer en las mismas cosas. Se despertaban temprano, sobre las seis de la mañana, y Audrey se dedicaba a cuidar los jardines y la casa. Leían juntos los periódicos, paseaban a los perros, iban al mercado dos veces por semana, echaban siestas y disfrutaban de largas horas de lecturas, pues los dos compartían también aquella pasión. ¡Quién le hubiera dicho a Audrey que encontraría la paz y el verdadero amor a los cincuenta años!

Cuidar y acompañar a Ella van Heemstra era otra de las actividades que compartían. La baronesa, que nunca aceptó del todo a ninguno de sus dos maridos, estaba encantada con Robert Wolders. Este, con su buen talante, su holandés materno y su contagiosa serenidad, llegó en ocasiones a hacer de intermediario entre Audrey y su madre, que de vez en cuando todavía seguían chocando. Aquella plácida existencia, la oportunidad de pasar los últimos años con su madre, ayudó a Audrey, sin duda, a sobrellevar las malas noticias que empezaron a llegar desde el otro lado del Atlántico.

Poco después de la muerte de su padre, Audrey se enteró del fallecimiento de William Holden, aquel hombre con el que todo habría podido ser diferente si hubiera podido tener hijos. William había fallecido por una caída en estado de embriaguez. Al final, la bebida acabó por destruirlo. Solo tenía sesenta y tres años. Meses más tarde de ese maldito 1981, la abandonaron el director William Wyler y Kathryn Hulme, la autora de *Historia de una monja.* En el verano del año siguiente fue Cathleen Nesbitt, a los noventa y tres años, la que la dejó un poco más huérfana. ¡Qué triste noticia! Cathleen la había acogido bajo su ala cuando Audrey daba sus primeros pasos en Broadway interpretando a Gigi. Qué lejos quedaba aquello. El mundo se desmoronaba. ¿Qué haré cuando me falten todos? Era como si el pasado se rebelara de golpe.

Pero la muerte definitiva, la que dejó su corazón huérfano para siempre, llegó al año siguiente. Tras diez años de cuidados, la baronesa Ella van Heemstra, la disciplinada y eficiente madre de Audrey Hepburn, la que nunca fue capaz de decirle «te amo» pero que la protegió de todo cuanto pudo de una forma admirable, se apagó para siempre el 26 de agosto de 1984 en La Paisible. Audrey vivió entonces el momento más difícil de toda su existencia. Posteriormente explicó:

> Me sentí perdida sin mi madre. Ella había sido mi caja de resonancia, mi conciencia. No era la persona más afectuosa del mundo... de hecho, hubo momentos en los que la consideré fría, pero me quería de corazón, y eso fue algo que yo siempre supe.

Con la muerte de su madre, Audrey sintió como si cayera al vacío. El único soplo de aire fresco para ella después de aquel desolador reguero de desapariciones fue la boda de Sean con la diseñadora italiana Marina Spadafora en Los Ángeles, donde él seguía trabajando en la producción de cine. Era el año 1985. La perspectiva de volver a ver a Mel la incomodaba, pero Sean estaba realmente emocionado por tener a sus padres reunidos después de diecisiete años sin verse, y para Audrey, eso lo compensaba todo.

Cada vez más alejada del cine y con sus dos hijos ya mayores, la vida de Audrey se centraba en aprovechar el tiempo junto a Robert. En el otoño de 1987 realizaron un viaje al Lejano Oriente. El primo de Audrey, Leopold Quarles Van Ufford, que era embajador holandés en Portugal, le pidió que asistiera como invitada de honor al Festival Internacional de Música que se celebraría en Macao en beneficio de Unicef. Nuevamente, esa organización volvía a cruzarse en su camino. Accedió de inmediato, e incluso habló ante la prensa cuando los periodistas advirtieron su presencia. Repitió una vez más cuánto había significado la cooperación internacional en su infancia, aquel bendito chocolate que la puso enferma, y todo lo que quedaba por hacer: «Cuarenta mil niños mueren diariamente por causas fácilmente evitables», enfatizó. La frase era clara, directa y demoledora. Hablaba en nombre del comité portugués de Unicef, pero también en el suyo propio.

Cuando hicieron escala en Tokio, la pareja también acudió a un concierto de la World Philharmonic Orchestra en beneficio de Unicef. Su presencia causó tal conmoción que hubo que organizar una rueda de prensa en el salón de baile para que cupieran todos los periodistas. «¿Qué se puede hacer por los niños?», les respondía cuando la interrogaban sobre su carrera en el cine.

Sus palabras tuvieron una enorme repercusión y provocaron un aluvión de peticiones para que hablara en nombre de la organización en Turquía, Finlandia, Holanda, Australia, Irlanda. Audrey las aceptó todas. No tuvo duda.

A sus cincuenta y ocho años, Audrey descubrió que tenía un gran poder entre sus manos y que podía utilizarlo para ayudar a los más vulnerables. Su necesidad más profunda desde siempre había sido dar amor, y seguía teniendo mucho, muchísimo para dar. Tal y como Kathryn y la hermana Lucas le dijeron tras el rodaje de *Historia de una monja*, Audrey «estaba hambrienta de algo más», y tal vez hubiese llegado su momento. No había podido tener todos los hijos que hubiera querido, pero quizá podía cuidar, de otra manera, a los hijos desamparados de los demás. «Salvar a un niño sería una verdadera bendición», había dicho en Tokio. Quizá de esa forma también se estaba salvando a sí misma, y cosería definitivamente las heridas de la pequeña y desnutrida Audrey Kathleen Ruston.

Convencida, con la certeza de haber hallado su lugar, el 1 de marzo de 1988 Audrey rellenó la solicitud oficial para ser embajadora de buena voluntad de Unicef. En ella habló de su pasado, del hambre y las privaciones, de la guerra, de las tragedias familiares y la batalla de Arnhem y del consuelo que, con quince años, le llegó desde la UNRRA cuando apenas tenía energía ya para dar dos pasos. Era como un círculo que se cerraba.

Tan solo una semana después, sintió una emoción indescriptible cuando recibió la confirmación de que su solicitud había sido aceptada. Aquel trabajo implicaba viajar a países en conflicto o asolados por desastres naturales, políticos o sociales, y se desplazaría a ellos sin ningún tipo de condición especial, pues los recursos de la organización eran cuidadosamente invertidos y controlados. Por todo ello recibiría una compensación económica de un dólar al año. Audrey siempre guardó como valioso recuerdo aquella confirmación junto al dólar que le llegó como pago. Acababa de conseguir el papel más importante de toda su carrera, dijo en una entrevista. Sentía que toda la popularidad que había ido acumulando durante años de trabajo cobraba, al fin, verdadero sentido. Siempre había tenido la sensación de que faltaba algo. Ahora, todas las piezas encajaban.

Empezó a prepararse, informarse, estudiar. Quería conocer todo sobre los países que visitara y las condiciones en las que se encontraban. Y tan solo ocho días más tarde volaba junto a Rob rumbo a Etiopía, sentada sobre un saco de arroz en un avión militar. Audrey iba camino del que entonces era el país más pobre del mundo, un lugar destrozado por la guerra y la sequía en el que uno de cada cinco niños moría de hambre antes de cumplir los cinco años. Y lo que encontró fue caos, desolación y silencio, mucho silencio. Le llamaron muchísimo la atención aquellos grandes grupos de niños callados. ¿Por qué iban a intentar decir algo si nadie los escuchaba? Vio la desesperanza en los enormes ojos de todos ellos.

Los caminos de tierra que recorrían el gran campamento de refugiados eran interminables. Desde el vehículo que los transportaba, Audrey podía ver cómo familias enteras se hacinaban en pequeñas chozas. Cuando llegaron al campamento, muchos niños raquíticos se acercaron. Ella los cogía en brazos, les hablaba, les sonreía, aunque en su interior anidaban unas terribles ganas de gritar y unas lágrimas urgentes. Pero se las guardó para compartirlas en la intimidad de su habitación con Rob. Aquel primer viaje, reconoció posteriormente, le afectó mucho:

> Tengo el corazón destrozado. Estoy desesperada. No puedo soportar la idea de que dos millones de personas estén en inminente peligro de morir de hambre, muchas de ellas, niños.

En compensación por todo aquel sufrimiento, Audrey vio también la luz y la dignidad de los colaboradores que trabajaban incesantemente por hallar una solución, por cuidar al otro y dar lo poco que tenían:

> Me ha impresionado mucho la gente de Etiopía, su hermosura y su dignidad, su paciencia y sus enormes deseos de socorrerse a sí mismos, en lugar de quedarse sentados esperando. Se merecen la ayuda no solo porque son los más pobres y los que menos reciben, sino porque son un pueblo valiente que lucha para valerse por sí mismo.

Durante aquel viaje y las múltiples apariciones públicas y conferencias posteriores que ofreció, Audrey recibió más cobertura mediática que cualquier otro embajador de buena voluntad de la organización hasta el momento. Tras documentar sus experiencias ante el Congreso de Estados Unidos, este incrementó los fondos para el pueblo de Etiopía en sesenta millones de dólares. Pero ella nunca hablaba de eso, era Rob el que se encargaba de recordar sus logros.

Unicef trajo a su vida muchas vivencias y personas entrañables, como Christa Roth. La coordinadora de eventos especiales de la organización se convirtió pronto en su amiga, en alguien que la acompañaría y la cuidaría, junto a su inseparable Rob, en todos los viajes y actos que tenía por delante. Se habían conocido en Tokio y se habían reencontrado en Etiopía. Tenían una amistad ubicua y siempre laboriosa, nada de fiestas y cócteles. Y eso era lo que más admiraba Christa de Audrey: «No se comportaba como la típica *prima donna* ni como una gran estrella de cine o una figura de la moda. Simplemente estaba allí para colaborar en una causa en la que creía», recordó.

Durante los cinco años siguientes, Audrey viajó a Turquía, Venezuela, Ecuador, Guatemala, El Salvador, Sudán, Vietnam, Honduras, México... hasta a veinte países distintos, cada uno con su tragedia y sus millones de niños sufriendo privaciones o abusos. Y después de cada viaje ofrecía conferencias, entrevistas, apariciones en programas de gran audiencia: lo que nunca había hecho para promocionar una película lo estaba haciendo ahora. Tenía que llegar a todos los lugares posibles, pensaba exprimir su fama hasta la última gota con tal de ayudar a todos aquellos pequeños. Si podía salvar a uno, ya habría valido la pena.

En el verano de 1989, a sus sesenta años recién cumplidos y en plena vorágine de viajes con Unicef, Audrey recibió una carta de Steven Spielberg. Le ofrecía un papel en su nueva película, *Para siempre*, un *remake* de un antiguo filme en el que Audrey sería Hap, un ángel que convencía al protagonista para que regresara a la Tierra tras sufrir un accidente aéreo. «Me siento terriblemente emocionado al hacer este ofrecimiento —decía Spielberg en la carta—. En cualquier caso, nos veremos algún día.»

Vestida de blanco, sentada en el suelo sobre el césped cubierto de flores o recostada contra un árbol, ella le explicaba las reglas de la eternidad a un incrédulo Richard Dreyfuss. El ángel de Audrey transmitió la misma paz y serenidad que ella había estado llevando a muchos rincones del mundo. Fue un breve y luminoso retorno al mundo del cine, del que hacía tiempo se había despedido «para siempre».

Poco después de aquella grata experiencia, ya de vuelta a sus obligaciones como embajadora de buena voluntad de Unicef, Audrey fue merecedora de un gran privilegio. En noviembre de 1989, profundamente emocionada, se dirigió a la Asamblea General de las Naciones Unidas para leerles «algo muy, muy importante, y me conmueve profundamente este privilegio. Es el preámbulo a la Convención sobre los Derechos del Niño». El tratado internacional de las Naciones Unidas, firmado ese año, tenía como objetivo proteger a los niños en todos los países del mundo. Sí, era ella la que estaba allí. Había subido antes a cientos de escenarios para actuar y para recibir todos los premios a los que una actriz puede aspirar. Y, sin embargo, estaba segura de que esto lo superaba todo. Le temblaba ligeramente el pulso a causa de la emoción y la responsabilidad. Habían elegido su voz y la voz de la niña valiente que un día había sido para que fuera la primera en leer de manera oficial uno de los acuerdos más importantes y comprometidos de la historia de la humanidad.

Cuando Audrey leyó el *Diario de Anna Frank* a los quince años, se quedó muy impresionada. Aquella era su historia. Anna incluso se refería en sus notas al fusilamiento de cinco rehenes en el verano de 1942, uno de los cuales era Otto, el tío de Audrey. Para ella era un libro crucial, las dos tenían diez años cuando se desencadenó la guerra y quince cuando acabó. Durante toda su carrera fueron varias las veces en las que le ofrecieron interpretar el papel de Anna Frank, tanto en el teatro como en el cine, pero siempre se negó. Resucitar aquellos tiempos era demasiado duro. Ahora, sin embargo, le ofrecían algo muy distinto. Unicef había encargado al compositor Michael Tilson Thomas la composición de un programa basado en el libro, y este propuso a Audrey que prestara su voz para narrar los fragmentos que ella misma escogiera. No era actuar, solo leer.

> Nunca antes había podido hacer de Anna Frank. Me ponía histérica, había torrentes de lágrimas. Pero ahora creo que es una ocasión maravillosa para rendir homenaje a esta niña, y creo que Anna Frank estaría muy contenta de que hoy sus palabras sirvan para consolar a tantos niños y niñas en situaciones de conflicto y para ayudar a Unicef.

Tras semanas de trabajo y reuniones con Michael, el 19 de marzo de 1990, ante una orquesta de noventa músicos, Audrey empezó a leer las palabras que Anna Frank había escrito cuarenta años atrás, cuando ellas dos —y otras miles— eran la misma niña. Creyó que le costaría mantener la voz firme, contener las lágrimas, pero no fue así. No estaban recordando la tragedia de Anna: estaban celebrando su vida, corta y luminosa. Esta vez, Audrey sí pudo decirle adiós a Arnhem, adiós a todos aquellos viejos fantasmas. No podía seguir pensando en ello: en el mundo había muchos niños que necesitaban ayuda. La vida estaba adelante.

En septiembre de 1992 Audrey consiguió que la dejaran viajar a Somalia. Era un destino peligroso. El país, al que volaron sin visado debido a que no había gobierno ni ningún tipo de autoridad oficial, estaba sumido en la plena anarquía debido a la guerra civil, y padecía además una grave sequía y una terrible hambruna. «Quiero ver lo peor de lo peor», insistió Audrey. Había leído artículos y visto reportajes en televisión, creía estar preparada para lo que iba a encontrar. Sería duro, sí, pero no más que todo lo que ya había vivido en otros países, pensaba. Sin embargo, esos cinco días en Somalia la dejaron completamente desconsolada. «He estado en el infierno y he regresado», confesó a su hijo Sean a su vuelta.

Cientos y cientos de tumbas se amontonaban alrededor de los pueblos y campos de refugiados. Hileras de personas vagaban sin rumbo por las carreteras, sin un lugar adonde ir ni nada que llevarse a la boca. Había animales muertos en las cunetas y, otra vez, un silencio omnipresente que perforaba los tímpanos. Apenas había niños pequeños en los campos que visitó. Se estaban muriendo todos, «se estaban apagando como velas», explicó ella. Por las mañanas, grandes camiones cargaban los cuerpos de los que habían muerto durante la noche.

Aquello era tan difícil de digerir... A su vuelta escribió un artículo para la revista *Newsweek* titulado «Silencio inolvidable», en el que aseguraba que definitivamente no estaba preparada para aquella realidad: «Estoy llena de rabia contra nosotros mismos. No creo en la culpa colectiva, pero sí creo en la responsabilidad colectiva».

Sus palabras, a través de artículos, entrevistas y conferencias, hicieron visible al fin aquel holocausto silencioso que llevaba años perpetrándose en Somalia. Aquella realidad se había clavado en su alma de manera definitiva. En Kismayo, uno de los primeros campos de refugiados que visitó, Audrey vivió en una sola escena todo lo que nunca debería sucederle a un niño. Mientras caminaba por las calles de la ciudad, vio a una niña agarrada a una valla. Estaba cubierta de moscas e iba vestida únicamente con un trozo de tela azul. Avanzaba aferrándose a la verja en busca del centro médico. Se había quedado casi ciega, seguramente como consecuencia de una desnutrición severa; estaba sola y avanzaba, perdida y desamparada. Audrey se le acercó para guiarla, pretendía ayudarla a llegar. Pero la pequeña le respondió con una indiferencia aplastante. Aquella niña sabía que no contaba para nada ni para nadie, y esa mujer blanca tampoco conseguiría que mejoraran las cosas. Una pena desgarradora invadió el alma de Audrey: el hambre, las enfermedades y el abandono eran imperdonables, pero sumir a los pequeños en aquel estado de desesperanza era inhumano.

En otro campo, después de abrazar y animar a los niños a que comieran lo poco que había, reparó en uno que estaba sentado en el suelo, cubierto de harapos. Tendría unos tres años. Era un esqueleto cubierto de piel. Ojos y huesos. Estaba solo. Su caja torácica se movía de forma arrítmica e irregular. Le costaba respirar. Audrey se arrodilló ante él. «Estoy aquí, a tu lado», le decía con la mirada. Pero el niño ya no veía nada. Lo acarició. Habría deseado poder respirar por él, pero lo único que podía hacer era permanecer a su lado, acompañándolo en su dolor. Ante la mirada de Audrey, el pequeño se tumbó en el suelo y murió. De nuevo lágrimas, rabia, silencio.

Durante aquel viaje, Audrey había sufrido intensos dolores de estómago en varias ocasiones. Había tenido indigestiones y cólicos. Lo atribuyó a algún virus o bacteria, contraído probablemente en su periplo por Somalia, así que tras acudir al médico, le recetaron un fuerte antibiótico que era muy eficaz para las infecciones parasitarias, pero que también tenía muchos efectos secundarios. Audrey los padeció prácticamente todos. La medicación no le sentaba nada bien y, además, no conseguía que el dolor desapareciera.

Aprovechando un viaje a Los Ángeles, y sin decir nada a sus hijos, Audrey visitó a varios médicos. Rob la acompañó. Le hicieron algunas pruebas, pero no vieron nada «concluyente». Y como el dolor persistía, le recomendaron que se sometiera a una laparoscopia exploratoria. Se trataba de una pequeña cirugía a través de la cual, mediante pequeñas incisiones en el abdomen, introducirían en su cuerpo una cámara en busca del origen del dolor. Desde que habían empezado los síntomas comía con dificultad.

El 1 de noviembre de 1992, en el hospital Cedars-Sinai, le realizaron la exploración a Audrey. Tras dos horas en el quirófano, mientras se despertaba del efecto de la anestesia en la sala de recuperación, Rob y Sean entraron a la habitación. Estaban muy serios y Audrey supo que algo no iba bien. Escuchó con atención a las dos personas más queridas de su vida, junto con Luca. Le contaron que los médicos habían hallado un cáncer abdominal que se había extendido desde el apéndice, y que el agudo dolor provenía del estrangulamiento del íleon, el intestino delgado, que cada vez sufría más con el paso de alimentos. Le explicaron que habían tenido que extirparle unos treinta centímetros de intestino.

Silencio. Cuánta información en tan poco tiempo. En voz baja, Audrey dijo que ella ya sabía que lo que tenía era más grave que una posible infección contraída en Somalia.

Ahora tenía la confirmación. La recuperación de la operación no fue fácil. Le administraron nutrición parenteral total, es decir, alimento por vía intravenosa, pues su aparato digestivo estaba seriamente dañado. ¡Qué ironía! Llevaba años prestando su ayuda para alimentar a los niños desnutridos de medio mundo y ahora era ella la que tenía que sobrevivir mediante aquel líquido amarillento que tanto se parecía a los sobres que repartía Unicef. Y todo por un cáncer que se había iniciado en su apéndice unos cinco años atrás, según calcularon los médicos. ¿Por qué no había dado señales hasta ahora?

Su hijo Sean, en el libro que escribió sobre su madre titulado *Audrey Hepburn, un espíritu elegante*, reflexionó sobre el origen de la enfermedad:

> ¿Era la enfermedad de su estómago la expresión física del lento arranque del alma de un cuerpo atrapado en una realidad inaceptable? [...] ¿Es el apéndice donde nuestro perfecto cuerpo almacena todas las cosas diminutas que no se pueden digerir, o es un lugar para que el espíritu reúna allí todas las heridas que no puede cicatrizar?

Las sesiones de quimioterapia empezaron en cuanto la herida de la cirugía hubo cicatrizado. Rob, Sean y Luca se turnaron para acompañarla, así que nunca, nunca estuvo sola mientras duró el tratamiento. Todos la estaban cuidando mucho. Tendría que permanecer en Los Ángeles un tiempo, así que Connie le pidió que se quedara en su casa. ¡Qué alivio tener un refugio donde pasar aquellos días difíciles! La casa de Connie era su hogar en Los Ángeles desde la época de *Vacaciones en*

Roma. Ella era sin duda otro de los muchos ángeles que habían pasado por su vida.

La primera sesión de quimioterapia fue bien, sin efectos secundarios. Pero Audrey, aunque intentaba mantener siempre la compostura frente a los suyos, no podía evitar estar asustada. Sin embargo, no hubo más sesiones de quimioterapia. Antes de la segunda, sufrió una nueva oclusión intestinal. El dolor era tan insoportable que ninguna medicina fue suficiente para aliviarla. Así que el 1 de diciembre tuvo que ser intervenida de nuevo.

Aquella mañana, mientras se vestía para ir al hospital, Audrey sintió verdadero miedo. Sean entró para ayudarla y ella le confesó lo asustada que estaba. Su hijo también lo estaba, claro, y lloraron y se abrazaron, pero él le aseguró que todo iría bien y que podrían sobrellevarlo juntos, como siempre habían hecho.

La segunda cirugía fue mucho más rápida que la anterior, pero por las peores razones. No había nada que hacer. El cáncer había avanzado muy rápido, y a partir de entonces sería más destructivo cada día. Eso era todo. Solo cabía esperar. Audrey cogió a su hijo de la mano, que estaba sentado a su lado. No dijeron nada. Simplemente lo consideraron en silencio.

Gracias a la generosidad de Givenchy, que pagó un avión privado para que toda la familia volara desde Los Ángeles hasta Suiza, Audrey pudo volver a casa. Ella nunca habría cometido semejante derroche. Y todas las formas de regresar eran demasiado complicadas, poco aconsejables y excesivamente caras. Cuando la informaron del gesto de su gran amigo, Audrey, totalmente embargada por la gratitud, se quedó sin habla, y le pidió a su hijo que llamara a Hubert para

Después de dos matrimonios fallidos, Audrey encontró el amor y la paz en Robert Wolders (arriba a la izquierda), un actor holandés que la acompañó en la última etapa de su vida y la apoyó en su duro viaje a Somalia en 1992 (arriba a la derecha) como embajadora de Unicef. Audrey murió en su casa el 20 de enero de 1993. Cerca de veinticinco mil personas abarrotaron las calles de Tolochenaz para acompañarla a su último destino. Seis hombres portaron el sencillo ataúd de pino: sus hijos, Sean y Luca, Robert Wolders, Andrea Dotti y, al frente, su hermano Jan y Hubert de Givenchy.

agradecer el tremendo gesto de generosidad que había tenido con ellos y que mostraba la profunda amistad de una vida.

El viaje se planeó para el 19 de diciembre. Si todo iba bien, Audrey pasaría las navidades en casa. Sin embargo, su estado de salud era delicado y los médicos les advirtieron del riesgo. El cambio de presión de la cabina durante el despegue y el aterrizaje podía resultar mortal. Pero a Audrey no le importaba: quería volver a La Paisible, pasear por el jardín con Rob y sacar a los perros. Quería pasar las navidades en familia, en su hogar, rodeada de los suyos. Haría ese viaje.

Poco antes de subir al coche que los llevaría al aeropuerto, Audrey se despidió de Connie. No quería llorar, no quería montar una escena allí. Supo contener la emoción y se dieron un beso, como siempre. Volverían a verse pronto, claro.

Audrey y su familia aterrizaron en Ginebra el 20 de diciembre. Cuando el avión tocó tierra, Audrey respiró y las lágrimas afloraron a sus ojos. En aquel momento, estar en casa significaba todo para ella. Su hijo Sean escribió: «Aquel jet privado fue probablemente el lujo más útil que ninguno de nosotros había experimentado jamás».

Durante las cuatro semanas siguientes, Audrey dio cortos paseos por los jardines de La Paisible, con Rob, con Sean, con Luca. El aire fresco y los sonidos del pueblo eran un apoyo espiritual tremendo. Fueron unas navidades extrañas, pero resultaron ser las más emotivas de su vida. Todos sus seres queridos estaban allí, y con cada uno tuvo conversaciones profundas, repletas de amor. Durante uno de sus últimos paseos con Sean, Giovanni, el jardinero, se acercó a ella muy emocionado:

—*Signora*, cuando mejore, vendrá y me ayudará... a podar y plantar otra vez.

—Giovanni, te ayudaré... pero no como antes —le contestó Audrey con una sonrisa.

El día de Navidad, ella descansaba mientras todos comían. Apenas tenía fuerzas para estar muchas horas despierta. Pero tras la comida, se reunió con todos y empezó a repartir sus regalos. Como no había podido ir a comprar nada, escogió un objeto suyo para cada uno, lo cual lo hizo doblemente especial. Y después leyó un texto que había utilizado en el pasado para un acto de Unicef, pero que había modificado con un toque de humor para aquel momento tan especial. Se titulaba *Consejos de belleza de eficacia comprobada*:

> Para unos labios atractivos, pronuncia palabras amables.
>
> Para unos ojos preciosos, busca lo bueno en las personas.
>
> Para tener una figura delgada, comparte tu comida con los hambrientos.
>
> Para un cabello bonito, deja que un niño pase sus dedos por él cada día.
>
> Para tener elegancia, anda sabiendo que nunca andarás sola.
>
> Te dejamos una tradición con un futuro.
>
> El tierno cuidado amoroso de los seres humanos jamás pasará de moda.
>
> Las personas, aún más que las cosas, necesitan ser restauradas, renovadas, reanimadas, reivindicadas y redimidas y redimidas y redimidas.
>
> Jamás rechaces a nadie.
>
> Si necesitas una mano que te ayude, hay una al final de tu brazo.

> A medida que te hagas mayor, descubrirás que tienes dos manos: una para ayudarte a ti misma, la otra para ayudar a los demás.
>
> Tus «buenos viejos tiempos» los tienes aún por delante, ojalá tengas muchos.

Todos los presentes enmudecieron. Quizá esa era la palabra que resumía su vida, el conjuro con el que había construido todos sus sueños: «ojalá».

A mediados de enero ya hacía días que no ingería nada. Cada vez dormía más, pero estaba serena y en paz, en el mejor lugar en el que podía estar. Había tenido un buena vida, estaba teniendo una buena muerte. Tuvo tiempo de despedirse de todas las personas que le importaban. Intentaba estoicamente quitar importancia al dolor, cuando todos sabían que, por mucho que ella dijera, debía ser insoportable. Durante los últimos días, le aumentaron la dosis de morfina para brindarle un poco de alivio. Y tanto Sean como Wolders recordaban que en esos momentos, cuando se deslizaba hacia la inconsciencia, Audrey era recibida por visiones plácidas y amigables. «Me están esperando. Los ángeles o gente sencilla, gente espiritual… me están esperando, labrando los campos», les explicaba. Estaba muy tranquila ante la perspectiva de la muerte. En uno de sus últimos momentos de lucidez, le dijo a Luca: «Lo siento, pero estoy lista para partir».

Audrey murió el miércoles 20 de enero de 1993, a las siete de la tarde, en un momento en el que no había nadie con ella en la habitación. Tuvo la elegancia final de esperar a estar sola para marcharse.

Después de velar su cuerpo en La Paisible durante tres días, Audrey Hepburn fue sepultada el domingo 24 de enero de 1993 en la parcela número sesenta y tres del pequeño cementerio de Tolochenaz. Tenía, justamente, sesenta y tres años. Unas veinticinco mil personas se reunieron en las calles del diminuto pueblo suizo para acompañar el paso del féretro hasta su último destino. Por encima del profundo silencio de sus vecinos podían oírse el canto de los pájaros y el susurro de la brisa en los árboles.

En una entrevista concedida unos años atrás, Audrey había hablado de cuál era su idea del cielo:

> Sonará muy parecido a un aburrimiento descomunal, pero veamos: mi idea del cielo es Robert, los chicos (odio las separaciones), los perros, una buena película, una comida fantástica y un televisor enorme, todo junto. Me siento realmente dichosa cuando eso sucede.

Así sucedió durante las navidades de 1992. Y ella insistió en que fueron las mejores de su vida, porque había conseguido estar rodeada de mucho amor.

CRONOLOGÍA

1929 Nace en Bruselas (Bélgica) el 4 de mayo.

1939 Tras el estallido de la Segunda Guerra Mundial, Audrey y su madre se refugian en Arnhem (Holanda).

1945 Termina la guerra y la ciudad es liberada. Audrey y su madre reciben asistencia de la UNRRA, predecesora de Unicef.

1948 Viaja a Londres con su madre y comienza su carrera como actriz en el teatro.

1951 La escritora Colette la descubre y le ofrece el papel de Gigi en Broadway. Se traslada a Nueva York.

1952 Protagoniza *Vacaciones en Roma* junto a Gregory Peck.

1953 Conoce a Mel Ferrer y a Hubert de Givenchy.

1954 Gana el Óscar a la mejor actriz. Rueda *Sabrina* y comienza una relación con Mel Ferrer, con quien se casa el 25 de septiembre.

1955 Sufre su primer aborto.

1958 Rueda *Historia de una monja* en el Congo. Se reencuentra con su padre después de casi veinte años.

1959 Sufre su segundo aborto.

1960 Da a luz a su primer hijo, Sean Ferrer, el 17 de julio. Rueda *Desayuno con diamantes*.

1965 Compra en Tolochenaz (Suiza) La Paisible y sufre un tercer aborto.

1967 Rueda *Sola en la oscuridad.* Tiene un nuevo aborto. A los pocos meses, se divorcia de Mel Ferrer.

1968 En verano conoce al psiquiatra italiano Andrea Dotti durante un crucero. Se casan en enero del año siguiente.

1970 Da a luz a su segundo hijo, Luca Dotti, el 8 de febrero. La familia se traslada a vivir a Roma.

1974 Sufre su quinto aborto.

1978 Presenta la solicitud de divorcio de Andrea Dotti.

1980 Comienza una relación con Robert Wolders, un actor holandés ocho años menor que ella.

1988 Es designada embajadora de buena voluntad de Unicef. Viaja a Etiopía.

1992 Viaja a Somalia en octubre. En noviembre le diagnostican un cáncer de colon irreversible.

1993 Fallece en casa, rodeada de su familia, el 20 de enero. Es enterrada el 24 de enero en Tolochenaz.